JEAN MARNOLD

LE

CAS WAGNER

La Musique pendant la Guerre

CINQUIÈME ÉDITION

ÉDITIONS BOSSARD

43, RUE MADAME, 43

PARIS

1917

LE CAS WAGNER

JEAN MARNOLD

LE
CAS WAGNER

La Musique pendant la Guerre

ÉDITIONS BOSSARD
43, RUE MADAME, 43
PARIS
1917

AVERTISSEMENT

On a réuni dans ce volume, revus et augmentés, parfois condensés ou même amalgamés, et en les émondant de certaines discussions trop étroitement personnelles, quelques-uns des articles parus depuis mai 1915 au Mercure de France, touchant les choses de la musique pendant la guerre. Grâce à la campagne de M. Saint-Saëns et consorts, il se trouve que la question Wagner y tient une place considérable, au point qu'il n'y est guère de pages où elle n'intervienne en quelque façon, de sorte que son importance a paru justifier le titre qu'on a choisi. On aurait pu reprendre les faits et arguments qu'on y rencontre pour les refondre en un exposé plus cohérent, sinon plus logique. On préféra leur laisser le caractère de polémique qui garde une valeur documentaire pour les temps que nous traversons. C'est l'indignation qui dicta bon nombre de ces pages. Elles furent

comme un soulagement de cœur et de conscience ré-
voltée. Il arriva qu'elles ont soulagé d'autres qui
n'avaient pas le droit de protester publiquement, mais
ont saisi cette occasion d'exprimer leurs sentiments par
lettre. On a joint dans un appendice quelques-uns de
ces témoignages. Ce sont aussi des documents, auxquels
leur origine confère un prix particulier. Ils infligent
une verte leçon aux professeurs de pseudo-patriotisme
en chambre. Malgré l'apparent décousu de ce livre, la
question Wagner y est examinée à bien peu près à fond
sous ses divers aspects, et en tout cas suffisamment pour
déceler aux esprits de bonne foi les inexactitudes —
voulues ou non — dont ce débat fut encombré et obscurci.
Aussi bien là qu'à l'égard des autres sujets traités, on
s'évertua de conserver une entière liberté de jugement
objectif, estimant que la vérité n'est pas un jouet à la
merci des circonstances, et que les plus terribles mêmes
ne sauraient entamer le devoir de la reconnaître et de
la dire . C'est la pensée constante de ces pages.

LE CAS WAGNER

(LA MUSIQUE PENDANT LA GUERRE)

I

LE CAS WAGNER

Nos ennemis en sont réduits à manger du pain de guerre, le pain K.K (1). Grâce à maints quotidiens, nous avalons depuis quelques mois un produit analogue, nous jouissons d'une « littérature de guerre ». Et, pourtant, on peut dire qu'elle n'est pas dans une musette. Qui donc eût soupçonné, chez un peuple réputé pour son esprit, son goût, la netteté de sa

---

(1) Nous aussi, depuis, et que certains ont plaisamment baptisé « le pain Q. Q. ». Prière de remarquer la date où ceci fut écrit, comme aussi bien, d'ailleurs, celles indiquées à la fin de chaque chapitre.

pensée, de telles réserves amassées de grandiloquent bafouillage ? Notre Académie Française s'est particulièrement distinguée dans ce charivari si fréquemment burlesque. Cette institution ridicule, qui nous ridiculise à l'étranger autant que le port des rubans rouge, vert ou violet, n'a pas failli à son office traditionnel et s'est empressée d'étaler tous les trésors de son universelle et ineffable incompétence. Ce fut un singulier concert, que le bourdonnement affairé et parfois affolé de ces mouches du coche. Des vaudevillistes à succès, des romanciers honnêtes ou libidineux, mais également puérils, des aligneurs de vers de mirliton, des aristocrates diserts, des sociologues de salon pérorèrent, pontifièrent, conseillèrent, morigénèrent et se mirent enfin à dépecer la carte d'Europe avec la plus désinvolte virtuosité, après s'être battu les flancs, à renfort d'épithètes poussives, pour rassurer ou conforter une population qui n'a jamais cessé d'affirmer le plus joli sang-froid.

A ce propos, une anecdote authentique. Vers le commencement de septembre, je croisai, dans la rue Saint-Georges, deux jeunes femmes, d'après leur aspect, de modeste bourgeoisie commerciale qui revenaient sans doute de promener leur progéniture et s'entretenaient des événements de l'époque. Lorsque je passai, l'une d'elles s'interrompit pour admonester son rejeton de sept à huit ans en ces termes : « Voyons, Jacques, marche donc ! Tu es insupportable... » Puis, continuant sa conversation d'un petit ton tranquille et décidé et s'adressant à sa compagne : « D'abord, ies gens qui sont partis d'Paris parce qu'ils avaient peur des Prussiens, c'est des froussards. » On n'est pas très surpris que les *Sursum corda !* envoyés de Bordeaux par la poste aient provoqué souvent plutôt des haut-le-cœur. Messieurs les académiciens, au surplus, ont pu quelquefois se convaincre des discutables résultats de leur activité plumitive, et, entre autres, M. Faguet s'en attira du front, de quelque poilu agacé, une riposte peu respectueuse de l'habit à palmes brodées et du bicorne.

Je n'aurais pas à parler de ces choses, si la musique n'y avait été mêlée, et d'assez étrange façon. Ce fut M. Saint-Saëns — « de l'Institut », naturellement, — qui attacha le grelot. Le 19 septembre dernier, à un moment où on ne songeait guère encore à la reprise des concerts, il entama dans *l'Echo de Paris* une série d'articles intitulée *Germanophilie*. Le premier contenait une effarante exécution en cinq sec de l'œuvre de Gœthe et une charge à fond de train contre Wagner, redevenu soudain l'auteur d'*Une Capitulation*. Il y avait longtemps qu'on ne nous avait servi ce vieux pamphlet plus bête que méchant, que Wagner plus tard qualifiait d'ailleurs lui-même de « mauvaise plaisanterie ». On l'avait oublié, et pour des raisons nobles et hautes. En tout cas, il ne semblait pas que ce fût de M. Saint-Saëns qu'on dût attendre l'exhumation de ce factum enterré sous tant de chefs-d'œuvre et de reconnaissantes apothéoses. M. Paul Souday l'a finement et fort justement remarqué dans *le Temps* du 12 janvier :

« ... Ses admirateurs savent que sa maladresse égale son talent et n'attachent aucune importance à ses propos... Il se défend, du reste, d'avoir jamais songé à insulter la France. Qu'a-t-il voulu faire ? C'est ce que personne, pas même lui, ne saura jamais. Le représenter comme un ennemi acharné de notre pays est tout simplement absurde ; il ne hait que les gens qui n'aiment pas sa musique. » Ces lignes sont extraites des articles très élogieux que M. Saint-Saëns consacra aux représentations de la *Tétralogie* à Bayreuth, en 1876, et qu'on peut lire dans son volume intitulé *Harmonie et Mélodie.* Dans la même étude, le même éminent musicographe demandait en quoi les opinions de Wagner sur la France importaient au mérite de ses œuvres. Il protestait contre cette pétition de principe qui confond une question de nationalité avec une question d'art. « Laissons donc de côté, ajoutait-il, l'auteur d'*Une Capitulation* pour ne nous occuper que de *l'Anneau du Nibelung*, dont le poème était terminé complètement et publié dès l'année 1863, et n'a, par conséquent, rien à démêler avec les difficultés qui ont surgi entre la France et l'Allemagne. » A plus forte raison Wagner n'a-t-il rien à démêler avec la guerre de 1914, puisqu'il est mort en février 1883. Enfin M. Saint-Saëns s'écriait dans ses

articles bayreuthiens de 1876 : « En vérité, le patriotisme
a bon dos, et il serait peut-être préférable de ne pas
mettre à toute sauce un des plus beaux sentiments de
l'âme humaine... » Qu'a donc fait Wagner, depuis 1876,
qui ait pu changer à ce point les dispositions de M. Saint-
Saëns à son égard ?

On ne saurait mieux dire, et M. Souday fut chari-
table de ne pas répondre à la question qu'il posait.
L'envie, et spécialement l'envie intéressée, est chose
si vilaine, si basse, à découvrir chez un artiste, qu'on
eût mieux aimé s'expliquer l'actuelle wagnérophobie
de M. Saint-Saëns uniquement par un accès du réac-
tionnarisme sénile où depuis pas mal de temps il
patauge en récriminations consternantes. Par malheur,
au cours d'un autre article, M. Saint-Saëns s'est
chargé de lever tous les doutes, en déclarant :

Il faudrait, pour sauver notre école, remettre les
choses en l'état ancien, interdire à l'Opéra-Comique les
traductions, et restaurer le Théâtre Italien, où l'on nous
donnerait Mozart, les Italiens anciens ou modernes, et
même, de temps à autre, Wagner ayant quitté l'Opéra,
délivré du charabia d'Alfred Ernst qui déshonore la
scène française. Une telle combinaison pourrait arranger
bien des choses et concilier bien des intérêts.

« Bien des intérêts... » — L'inconscient aveu est
pénible à enregistrer, quoique assurément superflu.
En dehors des arguments spécieux de ce « patriotisme

à bon dos » que lui-même récusait **jadis**, les critiques d'ordre ou plutôt d'ambition esthétique, dont M. Saint-Saëns colore sa diatribe, **sont, en effet,** d'un enfantillage tellement extravagant qu'elles échappent vraiment à toute analyse ou discussion. Quand on le lit reprocher au musicien de n'avoir pas écrit « honnêtement », d'avoir « inauguré et mis à la mode, malheureusement, le charlatanisme », — (voilà un « mis à la mode » et un « malheureusement » à retenir,) — d'avoir rempli « ses partitions d'orchestre de détails inutiles, ébahissement du lecteur novice, dont pas un n'arrive à l'oreille de l'auditeur », on ne peut que rester ébaubi sans avoir le courage de rigoler. On le sent çà et là d'ailleurs empêtré dans les rêts emberlificotés de contradictions où l'accule une invincible admiration secrète, que son instinct d'artiste ne parvient pas à renier tout à fait. Son acrimonie, néanmoins, l'entraîne fâcheusement à franchir la mesure qui s'impose à quiconque éprouve le souci d'écrire « honnêtement ». « Il y a mieux : — poursuit M. Saint-Saëns, — dans l'*Anneau du Nibelung*, Wagner a écrit pour des instruments qui n'existent pas, *parce que cela fait bien à l'œil*, a-t-il dit dans une note explicative en avertissant qu'il faudrait les remplacer par d'autres... » Et c'est M. Saint-Saëns qui souligne. Or, en se reportant à l'endroit indiqué, on rencontre, en effet, l'avertissement que voici, et que les éditions de petit format offrent même imprimé en français : « Dans cette partition, comme dans les suivantes, les tubas ténors sont écrits en *mi bémol*, les tubas basses en *si bémol*, parce que le compositeur a trouvé ce mode de lecture plus facile ; en copiant les parties, il faut cependant conserver les tonalités de *si bémol* et de *fa*, conformément à la nature des instruments employés.»

Il s'agissait ainsi, comme on voit, — et un musicien tel que M. Saint-Saëns ne pouvait s'y tromper un instant, — d'un simple moyen de rendre plus commode (*bequemer*) la lecture de ces instruments transpositeurs. Dans sa fureur, M. Saint-Saëns a donc tout bonnement menti. Il est décidément dommage, pour l'honneur de M. Saint-Saëns, que les ouvrages de Wagner soient joués plus souvent que les siens. Mais ce peu reluisant dépit serait peut-être sa meilleure excuse, car le patriotisme aurait, en vérité, encore bien plus « bon dos » que M. Saint-Saëns ne l'estimait en 1876, s'il était permis de « mettre un des plus beaux sentiments de l'âme humaine à la sauce » de l'imposture, pour diffamer un concurrent. Ce sont là procédés qu'en notre doux pays de France nous nous flattons de mépriser, en les abandonnant avec une ironique sérénité à ceux de nos adversaires auxquels il plaît d'en user. Quelle mouche hohenzollerne piqua M. Saint-Saëns — peut-être durant son récent voyage à Berlin, au retour duquel il arborait sur son piano la photographie dédicacée du

Kaiser ? Mais le cas de M. Saint-Saëns est plus
compliqué qu'il ne le paraîtrait à première vue et
nous y reviendrons plus loin. Il n'est pas mauvais de
constater d'abord l'acabit de ses alliés dans cette
inattendue campagne anti-wagnérienne. En disant
tout à l'heure que M. Saint-Saëns avait attaché le
grelot, j'exagérais. Si ses articles ont fait le plus de
bruit, ils avaient été précédés par certain *Billet de
Junius* du 8 septembre, dont le signataire anonyme,
s'il n'est pas de l'Académie, a tout ce qu'il faut pour
en être. Il racontait que, le lendemain de la première
du *Crépuscule*, « dans une maison accueillante où il
prenait le thé », il avait fort scandalisé une cantatrice
célèbre en avouant « que la soirée lui avait paru
longue, très longue ». Puis, sur la protestation de son
interlocutrice :

Je la priai d'excuser mon ignorance, ne connaissant
rien de la composition, du contrepoint, de la fugue, et
je lui affirmai que Wagner était un génie, « le plus haut
sommet de l'expression musicale », — j'avais retenu
cette phrase d'un musicographe, — mais que mon cerveau latin, un pauvre petit cerveau de rien du tout,
pas génial le moins du monde, était incapable de comprendre et, par conséquent, de goûter le génie wagnérien.

« Pauvre petit cerveau latin... » — peut-être, si
M. Junius y tient, ce qui ne veut pas dire « français » ;
car enfin, tout de même, sans parler des Normands de

Rollon, les Gaulois et les Francs, dont nous avons gardé le nom superbe, comptent bien pour quelque chose dans le complexe de ce que d'aucuns appellent assez tendancieusement notre race. La confession de ce charmant M. Junius est d'une humilité sans fard qui désarme et dissuade d'un commentaire. En somme, M. Junius se prétend latin et s'en targue ; ce qui est, après tout, fort licite. J'ai grand'peur, toutefois, que quelques-uns de ses congénères ne regimbent, et peut-être un peu vertement, aux conséquences qu'il en déduit. Mais M. Junius est si gentil, si résigné, s'énonce en termes si galants, qu'il saura facilement les apaiser, en prenant avec eux le thé dans quelque accueillante maison. Tout le monde n'a pas son humeur amène, encore que badine, et, dans le même journal, M. Frédéric Masson, « de l'Académie française », en fournit, le 27 septembre, une preuve éloquente. Je regrette bien vivement que les dimensions de son article, intitulé *l'Art sans Patrie*, m'interdisent de le citer tout entier. En voici cependant les passages essentiels touchant le point qui nous occupe :

...Je sais : il y a vingt et quelques années, une campagne fut menée avec une prodigieuse ardeur par des littérateurs et certains musiciens pour imposer à Paris Wagner et sa méthode. Je crois bien que, de ces messieurs, pas un n'avait fait en 1870 son devoir strict de Français et de soldat ; mais ils ont remporté cette vic-

toire de drainer au profit de la famille Wagner la plus
forte somme de droits d'auteur qu'un compositeur ait
jamais touchée à Paris. Les Parisiens, insultés par cet
homme pour n'avoir pas suffisamment applaudi sa musique, traînés dans la boue par lui, ont couvert de leurs
bravos cette misérable rapsodie, *les Maîtres-Chanteurs,*
où ils n'ont pas su même voir le pamphlet dirigé contre
eux. Ils ont refusé de le comprendre ; ils ont déclaré
cette musique géniale et ce misérable intangible et grand.
Sur la place de l'Opéra, de braves Français ont mani-
festé contre le divin Wagner, et la police les a chargés...

Quiconque s'avisa de protester, quiconque demanda
quelque indulgence pour nos musiciens français et leur
trouva de l'esprit, de l'émotion, de la grâce et même de
la grandeur, quiconque, revenant à ce qui fit la joie de
nos pères, réclama pour cette musique italienne, l'ancienne, qui délicieusement exprimait en toutes ses
nuances le génie latin, quiconque ne s'inclina point avec
des gestes de prière devant le Graal et son prophète, fut
simplement déclaré indigne de vivre par une cour, haute
ou basse, où des pintades jeunes et vieilles faisaient pendant à des grues vaguement couronnées. Et, lorsqu'on
parla de l'inconvenance d'un tel agenouillement, on
entendit le chœur de ces volatiles chanter sans accompagnement des romances sur ce thême : L'Art n'a pas
de Patrie.

Eh bien ! le sentez-vous à présent qu'il a une patrie,
l'art ? Qu'il est la fleur éclose dans l'âme d'un peuple ;
qu'il est le résumé de ses aspirations, la synthèse de ses
croyances, l'essence même de sa nationalité. L'avez-vous
senti, vous, Belges, quand Louvain brûla ? L'avons-

nous senti, Français, quand l'église de Saint Remi s'alluma dans la nuit comme un cierge gigantesque. Nous nous sommes tournés vers ce bûcher où se consumait l'art des ancêtres, l'art de notre nation, l'art qui est l'image même de la France. Nous avons tout compris, tout le grand mystère des nations rivales et pour jamais ennemies. Rien des Barbares, rien de leur littérature, de leur musique, de leur art, de leur science, rien de leur *culture* ne doit désormais souiller notre esprit, notre intelligence et notre cœur. Il faut que la France soit la France, qu'elle fasse des Français de France, et qu'elle supprime tout net le Français ou la Française *made in Germany*. Il faut par la loi, par la persuasion, par la force, au besoin par la violence, imposer une règle qui est la règle même du patriotisme. Messieurs de l'art sans patrie iront, s'il leur plaît, entendre du Wagner en Allemagne ; tant pis pour eux si leur retour est accidenté.

On ne jouera plus du Wagner en France.

Cette prose de sous-vétérinaire épileptique démontre surabondamment que, si M. Masson est de l'Académie, ce n'est pas à son talent d'écrivain qu'il le doit. Cette particularité lui est commune avec trop de ses collègues pour qu'on lui puisse en faire un grief bien sévère. Mais le malheur c'est qu'il en soit, — car là gît le malentendu, — et s'en arroge ainsi le droit d'aborder un tas de sujets à propos de quoi il n'aurait probablement jamais eu l'idée d'ouvrir la bouche s'il ne portait ce titre ou, mieux, cette étiquette. « L'Académie est un salon », elle le proclame et s'en vante ; et c'est, en vérité, un salon assez mêlé, où on est introduit surtout par relations, par l'intrigue ou la platitude, un certain état de fortune et parfois un bon cuisinier. Les hommes de génie en furent jalousement écartés tant qu'on put ; les talents y sont clairsemés et tout au plus « de société » sauf exceptions rarissimes ; les *minus habentes* y fourmillent. Ces gens heureux, contents de soi, se reçoivent et se congratulent en des cérémonies d'une niaiserie pyramidale, passent leur temps à des occupations oiseuses et distribuent plutôt scandaleusement à leurs amis et connaissances la manne des divers « prix » dont ils gèrent les rentes. Tout cela n'a pas beaucoup d'importance ; nous y sommes habitués et, même, c'est quelquefois drôle. Nous, nous savons ce qu'en vaut l'aune.

Mais l'ennui, sinon le danger, c'est que, hors de chez nous, on les prenne au sérieux, comme aucun d'eux-mêmes n'y manque à peine nanti d'un fauteuil, et si inopinée qu'apparaisse la piètre aubaine. Il serait vraiment désastreux que, dans ce moment, chez les neutres, on pût s'imaginer que ce M. Masson a quelque qualité pour parler au nom de la France, parce qu'il fait partie d'un « salon » qui en représenta toujours si peu de chose, que la liste des inconnus qu'il hospitalisa depuis son origine en semble à l'heure qu'il est une mystification énorme. Non, M. Frédéric Masson ne représente que lui-même, et c'est largement suffisant. Ses semblables sont assurément quelques-unes, mais pas tant qu'il se le figure, et, témoin M. Junius, plus polis avec les dames qui ne sont pas de leur avis. M. Junius n'est qu'un petit nigaud inoffensif, M. Masson est un primaire énergumène. Ce fort en gueule, qui, il faut l'espérer malgré tout, a fait son « devoir strict en 70 », ne se doute pas qu'en traitant *les Maîtres-Chanteurs* de « misérable rapsodie », c'est comme s'il appelait la cathédrale de Chartres une écurie ou le Parthénon une vespasienne.

Si le mot a un sens, c'est l'âme de l'humanité que recèle la beauté des chefs-d'œuvre, ce qui seul reste d'elle, immortel du moins pour autant que durera notre infime planète. C'est un peu et du plus précieux de cette âme qui disparut à tout jamais, anéantie avec nos vieilles églises de France, où naquit il y a neuf cents ans l'art ogival, et nous avons vécu la stupeur de l'irréparable. Peut-être les soudards qui ont commandé ce forfait ne l'auraient-ils pas pu, n'auraient-ils pas osé, s'ils en avaient compris l'étendue et la stupide horreur. Mais une éducation de junker destiné à « l'habit du roi » ne comporte point ces matières, et peut-être ils ne savaient pas. Rien n'est pire que l'ignorance imbécile. On sent pareillement que M. Frédéric Masson livrerait avec joie les œuvres de Wagner au bûcher où un moyenâgeux monachisme brûlait jadis les alchimistes : car les secrets de la nature et ceux de l'art sont d'identique essence, et le génie qui en dévoile les mystères ahurit et irrita toujours l'être ignare et grossier. Entre cette sorte d'iconoclaste hystérique que s'avère M. Masson et la brute galonnée qui bombarde encore Reims, fit des Halles d'Ypres un brasier et des manuscrits de Louvain de la cendre, il n'y a qu'une différence de côté. Nous aussi, nous avons nos Borusses, nous avons nos Prussiens de France. Et celui-ci ne se contente pas d'insulter ; il menace, la bave aux lèvres, invoque « la violence » à sa rescousse, brandit l'argument teuton de la force.

On verra. J'en connais sur le front, qui font plus que leur « strict devoir » et ne ratent pas une occasion de se jouer du Wagner sur tous les orgues, harmoniums ou pianos qu'ils rencontrent aux intermittentes relèves. En revenant, ils sauront sans doute répondre aux professeurs de patriotisme en chambre, avertis d'ailleurs par avance de ce que M. Masson leur propose en échange du renoncement qu'il exige. Et c'est même très intéressant, et combien significatif. M. Frédéric Masson, en effet, déclarait dans un autre article « aimer le Noël d'Adam », ce Paul de Kock de la musique. Ici, il rompt en visière en faveur de cette « musique italienne, l'ancienne, qui fit le ravissement de nos pères » : évidemment *la Favorite*, *Norma*, *Lucie de Lamermoor*, etc. On hésite à déranger le fragile M. Junius au milieu de la digestion de sa tasse de thé pour s'enquérir de l'art sonore accessible sans céphalalgie à ses délicates méninges. Peut-être son « pauvre petit cerveau de rien du tout » supporte-t-il pourtant volontiers Offenbach, mais en catimini désormais.

Et M. Saint-Saëns, à son tour, que souhaite-t-il qu'on joue en place de Wagner ? Oh ! il ne s'en cache pas. Loin de là, il en énumère de quoi former toute une anthologie — où défile par aventure un véritable bataillon de compositeurs allemands. On ne peut même pas dire qu'il exclue tout à fait Wagner, puisque nous l'avons vu le tolérer « de temps à autre » au Théâtre Italien ressuscité. M. Saint-Saëns eut toujours des idées arrêtées, mais vagues, que ne gêna oncques l'incohérence. Donc, il autorise Haydn, Mozart, Beethoven, Weber ; il préconise Mendelssohn. En revanche, il répond à une maîtresse de piano l'interrogeant par lettre : « Oui, Madame, on peut jouer du Dussek, parce qu'il était Tchèque et non pas Allemand. » Allons, tant mieux, tant mieux ! On jouera du Dussek sans remords. Il demeure enthousiaste de Liszt, hongrois, fils d'une mère autrichienne. Mais il honnit Schumann, dont la musique « essentiellement allemande, a commencé à glisser dans nos veines le poison germanique ». Il demande qu'on remplace « les *lieder* de Schumann par les belles mélodies de Gounod, à peu près inconnues, par celles de Massenet et de tant d'autres ». Et il ajoute : « C'est en allemand qu'il faut chanter Schumann, n'en déplaise à ceux qui veulent qu'on ignore la langue allemande, comme si l'ignorance n'était pas une infériorité. » M. Saint-Saëns est dur pour ses amis. Il a dû faire avaler son thé de travers au correct petit M. Junius et s'étrangler le tonitruant M. Masson quand ils auront lu ça.

Tout de même, nous en arrivons aux Français. En voici déjà deux : Gounod et Massenet. Il y a aussi, outre Berlioz, naturellement, qu'il ne pouvait omettre, Bizet avec *Carmen*, Félicien David avec *le Désert*, « qui eut l'honneur d'importer en Europe l'orienta-lisme musical ». Enfin, il recommande, en compagnie de « l'Ouverture de *Guillaume Tell*, avec son éton-nante introduction pour cinq violoncelles, celle de ·*la Muette*, celle de *Zampa*, décousue, vulgaire même par moment, mais géniale ; » il se remémore, tout ému, avoir « entendu chanter, comme on ne les chantera plus jamais, *l'Ambassadrice*, avec Mme Car-valho, et *le Toréador* avec Mme Ugalde ». — Diable ! Diable ! Et c'est tout ? Oui, c'est tout ; ou, plutôt, non : dans une lettre au *Temps* du 12 janvier, M. Saint-Saëns défendit Meyerbeer. Car « Meyerbeer était Prussien », c'est vrai, mais « c'est Paris qu'il a choisi pour faire représenter ses ouvrages, depuis *Robert-le-Diable* jusqu'à *l'Africaine* » ; il s'est « efforcé de s'accommoder au goût français » et « n'est-ce pas faire injure au public français que de présenter comme médiocres des ouvrages qui ont fait, pendant un demi-siècle au moins, la gloire et la fortune de nos théâtres lyriques ? »

Cette fois, c'est bien tout, et on est édifié. On sait ce que M. Saint-Saëns et ses complices entendent par le « goût français ». On connaît sans la moindre équivoque quel antidote au « poison germanique » offrent ces contempteurs de Wagner. Comme dit la chanson : on en revient toujours à ses premiers amours. M. Saint-Saëns est né en 1835 et va sur ses quatre-vingts ans. Les frères siamois Masson-Junius furent probablement quelque peu ses contemporains. Ces bonnes gens voudraient nous ramener avant 1870. Eh ! Messieurs, regardez autour de vous, de grâce ! Les temps, chez nous, ont bien changé depuis. Les Allemands eux-mêmes s'en aperçoivent — avec stupéfaction, d'ailleurs, et amertume. Le trépidant Berlioz en hurlerait de rage, de se voir enrôlé dans cette danse macabre. Car, on est bien obligé de le constater, il n'est parlé ici que de morts, — et, certains, combien enterrés ! Dans toute sa série d'articles, M. Saint-Saëns, hormis lui-même, ne fait mention que d'un seul musicien français vivant, l'auteur « applaudi » de *Mârouf, savetier du Caire*. A part ce bienheureux privilégié, l'honorable M. Rabaud, notre musique nationale serait un cimetière. Hélas, pauvre de nous qui nous imaginions naïvement posséder une école française ayant fait quelque bruit dans le monde au cours du dernier quart de siècle ! Les Debussy, Ravel, Fauré, d'Indy, Dukas, Schmitt, Roussel, Séverac et « tant d'autres », cette phalange géniale ou talentueuse dont nous croyions pouvoir noùrrir quelque fierté « patriotique », n'étaient-ce donc que des fantômes facétieux, des farfadets, des ombres, puisque M. Saint-Saëns les ignore ?

Mais non ; rassurons-nous. Il est loin de les ignorer, quoiqu'il n'en souffle mot. Seulement, ces musiciens-là, à son avis, ce sont, au fond, précisément des « wagnériens ». Ce sont des « anarchistes, qui ont brisé la vieille tradition nationale » et pratiquent ce « charlatanisme malheureusement mis à la mode » par celui dont le génie magnifique créa *Tristan* et *les Maîtres-Chanteurs*. M. Saint-Saëns s'en désolait déjà naguère dans ses *Portraits et Souvenirs*. « La mode aujourd'hui est aux complications sans fin, aux arabesques, aux modulations incessantes : mais c'est là une mode et rien de plus. » « On a cessé d'être clair comme un bon Français. » Parlez-nous de l'opéra-comique d'antan : « C'était un art de chez nous qui, par cela même, avait pour nous son prix, et qu'on a dénigré sous l'influence allemande ». On augure qu'en suggérant ce qu'il faudrait « pour sauver notre école française », M. Saint-Saëns s'est exprimé à la manière ecclésiastique. C'est « son salut » qu'il l'exhortait à faire, en lui en

désignant les moyens et la voie, le chemin de ce
« goût français » auquel s'accommodait si bien *Ro-*
bert-le-Diable.

Il n'est guère besoin de rechercher pourquoi les
consorts de M. Saint-Saëns imitent son silence.
Tous ces « Français de France » leur sont vraisemblablement inconnus ou, si non, c'est tout comme.
Leur art est pour eux du chinois ; ils n'y bâillent
pas moins qu'au *Crépuscule*, ou font pis. Rien qu'à
l'évocation de *Pelléas*, il est infiniment probable
que l'aimable M. Junius, en dépit de sa distinction,
en laisserait choir son monocle dans sa tasse à force
de se gondoler comme une petite baleine, cependant
que M. Masson s'esclafferait en lançant un juron.
L'arrogance infatuée est le propre des sots, qui de
tout temps ont ricané de ce qui déroutait les facultés
de leur cervelle obtuse. Et ceux-ci ne s'y sont point
mépris en saisissant aux cheveux l'occasion de tomber l'œuvre de Wagner. Ce grand nom est pour eux
un symbole, et l'instinct de leur béotisme est aussi
sûr que la jalousie clairvoyante où s'abaisse aujour-
d'hui celui qui fut Saint-Saëns. Sous couleur de patriotisme, c'est la ruée des tardigrades et des primaires.

Aussi notre Académie a-t-elle marché avec ensemble. Il paraît que M. Donnay, lui aussi, a dit son
mot. Il a trouvé dans l'œuvre de Wagner « le symbole musical du despotisme et de l'impérialisme

allemands. » Petit serin, va. De quoi se mêle ce littérateur de magazine ? Personne n'est pourtant forcé de parler musique. Nos Académiciens ne pourraient-ils donc se résoudre à ne discourir que de choses où ils soient compétents. Il est vrai qu'il y en a si peu, surtout d'intéressantes, qu'une telle discrétion réduirait considérablement les avantages qu'ils retirent de conférences et d'articles avant tout lucratifs. Oui, ce fut l'assaut des primaires. Et ces gens-là par-dessus le marché sont des pleutres, car ils n'ont crié si fort que parce qu'ils pensaient qu'on n'oserait pas leur répondre en ce moment. Mais on l'a fait ; M. Souday d'abord, et d'autres. Et c'est bien maintenant, en effet, qu'il fallait le faire, pour notre dignité, notre honneur, pour notre vieux renom de loyauté et d'une véracité objective contre quoi nul excès des pires contingences ne réussit jamais à prévaloir dans notre France immortelle, — immortelle à cause de cela. Il le fallait aussi afin qu'on ne se moque pas trop de nous dans l'univers, chez les gens cultivés et artistes. Notre Académie, pour son lustre, a perdu là une belle occasion de se taire.

Il y a trente-deux ans que Wagner est mort à Venise, et l'homme qui a chanté dans son œuvre « la régénération du monde par l'amour » et la haine de « l'or maudit » n'avait certes rien de commun avec cette Allemagne parvenue et démente, soûlée de prospérité matérielle, intoxiquée depuis trente ans précisément par l'alcool frelaté du chauvinisme, et que nous contemplons se tordre dans le *delirium tremens* de son militarisme aux abois. Mais, parce que Richard Strauss — (qui n'a néanmoins pas signé le fameux manifeste des « 93 ») — en est ou y vécut et vit, et que même certaines caractéristiques de son art en sembleraient déceler les stigmates, cela diminue-t-il sa génialité musicale ? Le révolutionnaire saxon Wagner fut proscrit, en 1849, à trente-six ans et ne rentra dans sa patrie que passé la cinquantaine. Pour peu de temps, d'ailleurs, car il quitta bientôt Munich où l'avait appelé Louis II, et s'exila volontairement à Triebschen avant de se retirer à Bayreuth. Il a créé son œuvre presque entier à l'étranger, surtout en Suisse, mais aussi à Paris, en Italie. Les génies de sa taille sont fatalement isolés parmi les hommes. Il écrivait à Liszt : « Nous autres, nous n'avons pas de patrie. » Cependant il aimait la sienne. Quel Français le lui voudrait reprocher ? Mais un malentendu les sépara longtemps, et peut-être jusqu'à la fin. Il fut au moins aussi cruel pour ses compatriotes que pour nous. Lorsqu'il était notre hôte, il avait le mal du pays ; à peine passé le Rhin, la torpeur et le pédantisme réactionnaires l'écœuraient. L'Allemagne qu'il a magnifiée fut celle que rêvait l'artiste. Au fond, Wagner n'a jamais vécu que son art.

Mais, quand il eût été fougueux pangermaniste

et nous eût abreuvé des plus cinglants brocarts à
l'instar de Mozart, quel rapport cela aurait-il avec
sa musique ? Un artiste ne vaut que par son génie
spécifique. Le reste nous importe peu. Wagner est
un grand musicien, peut-être le plus grand de tous,
et à ce titre un des plus prodigieux génies qu'ait produits l'humanité dans les siècles. Aussi appartient-il
à l'humanité, comme toutes les créatures de cette
espèce. Assurément, le peuple qui l'a vu naître a le
droit d'en tirer quelque orgueil. Mais il est remarquable que l'œuvre de cet Allemand soit demeuré
privé d'influence féconde en sa propre patrie. Même
sur Bruckner et Richard Strauss, qui l'ont subie,
elle n'est que superficielle. L'art allemand, au fond,
reste le nourrisson des « trois B » : Bach, Beethoven,
Brahms. C'est chez nous que s'est poursuivie la
merveilleuse évolution harmonique dont l'œuvre de
Wagner fut un miraculeux facteur. C'est nous qui
avons bu le suc de son génie, et qui l'avons assimilé,
en l'épurant de ce qu'il renfermait de germanisme
incompatible, pour en former, comme un miel savoureux, l'art le plus foncièrement français que
depuis cent ans nous ayons possédé.

Cette assimilation est le fruit de notre objectivité
naturelle, grâce à quoi notre pays fut toujours une
sorte de laboratoire fécond des idées et des sensibilités humaines. Nous recevons et donnons tour à
tour. La musique, langue universelle, est l'art où

cette réciprocité d'influences apparaît le plus évidente. Le classicisme allemand, par le canal de Philipp-Emanuel, l'importateur du « *galanten Genre* », dérive autant de nos clavecinistes que par ailleurs des Italiens. Notre Méhul fut le disciple passionné de Gluck. Berlioz procède ouvertement de Gluck, de Beethoven et de Weber. Et qu'est M. Saint-Saëns lui-même, notre Mendelssohn national, sinon un épigone étriqué de Bach, de Mozart et de Beethoven ? Malgré l'intervention de Franck, fils d'une Allemande d'Aix-la-Chapelle et Liégeois par hasard, notre école française, dont M. Saint-Saëns désormais ne relève pas plus qu'un Patagon, notre école novatrice contemporaine est l'héritière authentique et directe de Wagner. On a beaucoup parlé, ces temps-ci, de culture et de civilisation. C'eût été, de notre part, faire preuve de l'une et de l'autre, que de jouer et d'applaudir les œuvres de Wagner précisément en ce moment, de l'annexer à la barbe de nos ennemis. Nulle annexion certes n'aurait été plus légitime.

Et nous n'avons, envers l'artiste, que des raisons de gratitude. Sourde d'abord, mais effective, son influence se produisit à l'heure la plus lamentable de notre musique, celle des amuseurs et des industriels, pasticheurs d'une Italie dégénérée, exploiteurs de la foule inavertie qu'ils dépravaient ; à l'heure où l'opéra Scribe-Meyerbeer faisait, selon M. Saint-

Saëns, « la gloire et la fortune de nos théâtres ». On sait quels intérêts coalisés avec la digestion des abonnés il eut à vaincre pour passer du concert à la scène. Et alors, il arriva cette chose invraisemblable et quasi-paradoxale. Cet œuvre, élaboré dans la solitude et l'exil, sans nul autre souci que les aspirations d'artiste les plus hautes, avec un tel dédain de la mode et du lucre qu'il était inexécutable en son temps, cet œuvre s'imposa peu à peu par sa beauté irrésistible à la réceptivité ingénue de la masse, « eut du succès », — un succès formidable qui, avec les reflets de la « gloire » du créateur, valut à notre première scène lyrique, comme à tous les théâtres du monde, une « fortune » dont, par un ingrat retour, le génial musicien, lui, n'a pas profité. Car Wagner était mort lorsque se déclencha son « succès », et mort endetté, ayant sacrifié à son œuvre et à son art jusqu'au repos de ses vieux jours.

Nous ne saurions priser trop haut les bienfaits du succès, chez nous, de l'œuvre de Wagner. M. Pedro Gailhard, qui n'en fut pourtant pas prodigue, eut un jour, à propos de cet œuvre, un mot profond : « Quand on commencera à jouer cette musique-là ici, on ne pourra plus en jouer d'autre. » Il se trompait un peu : si, on put en jouer d'autre, mais pas de celle qu'on y jouait avant ou, en tout cas, beaucoup moins. Il n'est guère niable que le niveau artistique de nos théâtres musicaux ait notablement remonté depuis

Wagner. Le poète musicien rêvait de faire **servir** son drame lyrique à « l'éducation morale de la foule ». Il fit à tout le moins son éducation musicale. En intronisant la symphonie dans l'opéra rénové, il installa sur les tréteaux de la veille un art s'adressant à la fois à la sensibilité et à l'intelligence. Au lieu de s'abaisser à flatter la foule ignorante, il éleva celle-ci jusqu'à son génie. En la charmant et captivant, il lui apporta le bienfait d'une culture insue, — fort différente, certes, de celle que nous voyons sévir avec un K, — de cette culture instinctive, acquise au contact du beau, qui transforme insensiblement en artiste tout être sincère doué de sensibilité quelque peu prédisposée.

Il ne faut pas s'y tromper, c'est à Wagner que nous devons de redevenir graduellement aussi musiciens que nous le fûmes du XIIIe au XVIe siècles, alors que notre pays était, en cette Europe, le centre et l'irradiant foyer de l'art sonore. C'est le succès de l'œuvre de Wagner qui prépara chez nous un « public de théâtre » à y aller entendre et écouter « de la musique », et non pas « Mmes Carvalho ou Ugalde », à accueillir *Fervaal*, *l'Heure Espagnole*, *Ariane et Barbe-Bleue*, *Pénélope* ou *le Cœur du Moulin*, à accepter, puis à acclamer *Pelléas*. C'est depuis ce succès que nos scènes lyriques se sont enfin ouvertes aux meilleurs, aux plus sérieux et aux plus probes de nos musiciens français jusque-là relégués au concert.

Sur ceux-ci, l'influence de Wagner est désormais périmée. Son œuvre aujourd'hui ressortit au passé tout autant que celui d'Hugo. Il est dorénavant « classique », et les pauvres d'esprit auxquels son art harmonieux demeure encore inintelligible doivent perdre toute espérance de pressentir jamais la beauté musicale. Oui, la page est tournée, mais elle fut radieusement belle, et nulle beauté ne fut pour nous plus salutaire et plus féconde. Encore une fois, un génie de cette envergure appartient à l'humanité ; mais, entre tous les peuples et plus qu'aucun, y compris le sien même, nous avons, nous Français, le droit et le devoir de glorifier Richard Wagner. Même à l'heure terrible où nous sommes, il faut le faire parce que c'est justice, il faut le proclamer parce que c'est la vérité contre quoi rien ne vaut, ni la bêtise, M. Junius, ni l'envie ou la calomnie, M. Saint-Saëns, ni non plus « la violence », M. Masson. Un « Français de France » l'a dit. Relisez donc *les Provinciales*.

Mai 1915.

II

LES SONATES DE MOZART
RÉVISÉES PAR M. SAINT-SAËNS

CE recueil a paru récemment. L'apercevant sur la table d'un ami, je m'empressai de le lui emprunter. En effet, la prédilection de M. Saint-Saëns pour la musique ancienne est aussi notoire que son hostilité envers la contemporaine. Jusqu'à présent, du moins, il n'a dit que du bien de Mozart, encore que celui-ci ait plutôt dit du mal des Français. Il professa toujours la plus entière admiration pour le doux maître salzbourgeois et, quoique à sa façon, le joua de tout temps volontiers. Il ne pouvait donc sembler qu'intéressant de connaître les résultats de la sollicitude dont il dut évidemment entourer la publication des sonates du plus génial des musiciens qui illustrèrent cette école classique allemande, que

M. Saint-Saëns fut l'un des premiers et des plus
ardents à célébrer et à vulgariser chez nous. L'heure
où il en assumait la responsabilité lui faisait d'ailleurs
presque un devoir d'apporter à cette « révision » des
soins tout particuliers, afin de démontrer une fois
de plus par le fait, et avec l'autorité qui s'attache à
son nom, que nous ne sommes plus désormais tribu-
taires d'outre-Rhin dans ce genre de travaux.
M. Henry Expert l'avait déjà prouvé par sa belle
édition des *Maîtres Musiciens de la Renaissance
Française* et, en ce qui concerne Mozart, c'est précisément dans notre pays que l'étude la plus remarquable de son œuvre, l'analyse la plus érudite et la
plus perspicace ont été effectuées dans l'admirable
ouvrage, publié en 1912, de MM. T. de Wyzewa et
G. de Saint-Foix. M. Saint-Saëns avait donc à sa
disposition tous les éléments nécessaires pour aboutir
à une édition des *Sonates de Mozart* à tous égards
définitive et bien française. Aussi est-ce avec autant
de tranquillité d'âme que de curiosité attentive qu'on
ouvre ce recueil, — et la stupéfaction n'est pas mince
en présence de son contenu.

Il y a plusieurs manières d'éditer des œuvres de
cette espèce. On peut en faire une édition « pratique »,
c'est-à-dire destinée avant tout à l'enseignement,
comme celles de Lebert et de Starck, par exemple.
Dans ce cas, on y classe utilement les compositions
d'après le degré de leur difficulté d'exécution ; on

y réalise, en petites notes au-dessus des portées, les agréments, appogiatures et graphismes analogues dont l'usage est désormais perdu ; on y prodigue les doigtés. On peut en faire aussi une édition « historique et critique ». Alors, c'est l'ordre strictement chronologique qui s'impose en même temps que la vérification minutieuse des textes ; on compulse les manuscrits et les éditions princeps, on fournit toutes les variantes éventuelles, et on n'ajoute rien, pas un iota, qui n'appartienne à l'original, sans l'indiquer expressément. Enfin, on peut combiner des deux précédentes une édition mixte, où l'édition « historique et critique » bénéficie aisément des menus avantages pédagogiques de l'édition « pratique ». C'est cette solution qu'ont généralement adoptée les éditions populaires allemandes, et, à propos de Mozart, il n'y avait guère d'autre parti à prendre depuis l'établissement de la grande édition critique de Breitkopf et Haertel, qu'il serait au moins superflu d'imiter sous sa forme tout objective et, pour ainsi parler, académique. On pourrait croire à première vue que ce fût aussi le dessein de M. Saint-Saëns, en remarquant qu'il s'est fendu d'une préface aux intentions manifestement didactiques. Mais on est bientôt détrompé en constatant que, dans ce recueil de 269 pages de 6 lignes, il y a en tout et pour tout 168 mesures où le « réviseur » a marqué un doigté, soit, en moyenne, environ une mesure sur quarante, pour une musique où pullulent des traits souvent scabreux aux élèves ou amateurs. Enfin, on n'y découvre pas non plus trace de la moindre réalisation des ornements.

Toutefois, M. Saint-Saëns traite en détail ce dernier point dans sa préface, en s'aidant de la *Méthode de Violon* de Léopold Mozart, père du musicien, « source de renseignements dont la valeur ne saurait être contestée », affirme-t-il. Cela n'apparaît pourtant pas de toute évidence en l'espèce. D'abord, la *Méthode* dont il s'agit est une méthode *de Violon*, tandis que les *Sonates* sont écrites pour un instrument à clavier. Ensuite, cette méthode fut publiée en 1756, l'année même de la naissance de Wolfgang, c'est-à-dire qu'elle fut composée dans les années qui précédèrent cette naissance, et elle était très vraisemblablement terminée déjà vers 1750 ou 52, ainsi qu'en témoigne la correspondance de l'auteur avec son éditeur Lotter, d'Augsbourg. Prétendre appliquer rigoureusement les préceptes de cette méthode de violon aux œuvres de piano de Mozart datant de 1789 ou même de 1777, c'est à peu près comme si, pour l'exécution des sonates pour piano de Beethoven, on voulait s'appuyer exclusivement sur les prescriptions du *Traité des Agréments de la Musique* du violoniste Tartini, publié en français en 1782. M. Saint-Saëns, au surplus, ne semble pas tirer, de la « valeur incontestable » de sa

« source de renseignements », des conclusions aussi catégoriques que le fameux impératif de Kant, car, ayant cité quelques résolutions d'appogiatures, il ajoute tout bonnement : « Nous donnons ces derniers exemples à titre de curiosité sans engager aucunement les exécutants contemporains à entrer dans cette voie semée d'écueils. »

Le reste de cette préface est d'ailleurs assez déconcertant. Dans le second paragraphe, M. Saint-Saëns y avance ceci : « Les pièces de Mozart datant de sa première jeunesse sont dépourvues de nuances, quelquefois un *piano* et un *forte*, et c'est tout. La raison de cette abstention est que ces pièces furent écrites pour le Clavecin, dont la sonorité ne pouvait être modifiée par la pression du doigt. » Autant de mots, autant d'erreurs. La vérité est que Mozart oubliait parfois de noter ses nuances. On a de lui des morceaux dont la reprise en est tout émaillée, tandis que les mêmes passages en sont dénués dans l'exposition. Il lui arrivait assurément, comme à tous les vieux maîtres, de faire assez largement confiance au goût de l'exécutant. Mais quelquefois, au contraire, et surtout dans les œuvres de sa « première jeunesse », il semble quasiment pris d'une véritable frénésie à cet égard. C'est ainsi que ses sonates pour piano et violon, composées à Milan en 1773, comportent des nuances presque à chaque mesure. Et, quant aux sonates pour piano seul, non seulement les *sfz*, les *pp*, les *crescendo, decrescendo, morendo, calando* abondent dans les autographes des œuvres de la maturité du maître, mais on trouve même un bon nombre de ces indications déjà dans les manuscrits des six premières sonates ,écrites en 1774 et 1775. On n'a qu'à parcourir, entre autres, la troisième sonate du recueil de M. Saint-Saëns, pour constater des *crescendo, diminuendo*, des *fp* successifs, et il advient même que les manuscrits de Mozart ou les éditions gravées sous ses yeux et revues par lui offrent des nuances qui ne figurent pas dans l'édition de M. Saint-Saëns, ni même dans la grande édition Breitkopf. L'assertion de M. Saint-Saëns provient de ce préjugé, qu'il étale en toute et naïve assurance, que les sonates de Mozart furent, au moins en partie, « écrites pour le clavecin ». Rien n'est plus faux. Mozart naquit et vécut en pleine floraison du « piano-forte », dont l'invention et les perfectionnements par les Cristofali, Schrœter, Silbermann, Friederici, etc., remplissent, et dès ses débuts, les deux premiers tiers du XVIIIe siècle ; quoique, jusque même dans les commencements du XIXe, l'appellation de « clavecin » se soit fréquemment perpétuée, par la routine des éditeurs, sur la couverture des morceaux. Dès ses premiers voyages à Paris et à Londres, en 1763 et 1764, Mozart connut les nouveaux instruments, — lesquels étaient alors en vogue dans ces deux capitales, — et en utilisa naturellement les ressources et avantages. De sorte que, sauf peut-être pour quelques pièces de son enfance à Salzbourg, on peut dire que Mozart n'a jamais rien écrit pour le clavecin.

D'ailleurs, pour convaincre M. Saint-Saëns par une expérience péremptoire, et sans parler des *crescendo* et *diminuendo* qu'on rencontre dans les six premières sonates de son recueil, qu'il y prenne seulement la quatrième mesure de la page 34, qui contient quatre *fp* consécutifs, un sur chaque temps et qu'il essaie de jouer cette mesure, avec ses nuances, sur un instrument « dont la sonorité ne puisse être modifiée par la pression du doigt ». Qu'il tente, s'il lui plaît, la même épreuve avec la onzième variation, *Adagio Cantabile*, du finale de la sixième sonate, en *ré*, page 74 de son recueil: S'il réussit, je consens à lui payer un lapin tricolore à mécanique chantant un air de *Robert-le-Diable* et criant : « A bas Wagner ! » C'est sans doute ce préjugé du clavecin qui induisit sa vie durant M. Saint-Saëns à consacrer un jeu glacial, dépouillé de la plus infinitésimale émotion, à l'interprétation de cette musique délicate, ailée, vibrante, qui, outre le rubato voulu et pratiqué par Mozart lui-même, exige toute la gamme des nuance les plus expressives jusqu'aux contrastes les plus vifs Comme on voit, un pareil exorde est fait pour inquiéter, et ces vagues conseils, ces allégations téméraires ou purement inexactes, laissent mal pressentir

en quoi pourrait bien consister la révision promise.
Il semble que M. Saint-Saëns nous en veuille informer en déclarant sans ambages à la fin de sa préface : « On ne trouvera pas, dans la présente édition,
certaines pièces attribuées pendant longtemps à
Mozart et reconnues apocryphes. »

Mais, décidément, M. Saint-Saëns n'a pas de
chance. Il est vraiment fâcheux que, après une semblable proclamation, il ait admis dans son recueil
deux œuvres qui n'avaient aucun droit à y figurer,
l'une absolument, l'autre tout au moins sous l'aspect
qu'il lui a conservé. Le n° 16 de son recueil est, en
effet, une prétendue sonate de Mozart qui a disparu
depuis longtemps des bonnes éditions populaires.
Elle a été fabriquée, vers 1800, par un éditeur désireux de jouer son rôle dans le déballage d'œuvres
attribuées à Mozart qui s'est produit à cette époque.
Des deux morceaux qui la constituent, le premier, un
Allegro en *fa*, n'est qu'un médiocre arrangement d'une
sonate pour piano et violon, composée à Vienne, le
26 juin 1788, et « pour des commençants », nous dit
Mozart dans son catalogue. Ledit *Allegro*, qui est le
second morceau de cette petite sonate avec violon,
devient le premier de la fausse sonate pour piano
seul et, pour comble, l'impavide arrangeur a placé à
sa suite, en manière de finale, un petit *Rondo* qu'il a
tranquillement extrait d'une véritable sonate pour
piano seul de Mozart, composée dans le même temps

que la sonate pour piano et violon, et pareillement
« pour des commençants » (K. 545). Cette sonate est
le nº 14 du recueil de M. Saint-Saëns, si bien que le
lecteur éprouve la surprise, à quelques pages de distance, de voir Mozart à court d'inspiration terminer
deux sonates, — les numéros 14 et 16, — par le
même *Rondo* imprimé dans un ton différent. On est
déjà assez ébouriffé de ce que l'érudition de M. Saint-
Saëns ait pu, encore à l'heure actuelle, tomber dans
un aussi grossier panneau. Mais un plus ample
examen devient presque troublant. Est-ce ignorance,
distraction, paresse ou fumisterie ? Toujours est-il
que, dans sa table des matières, ayant résolu d'indiquer les numéros attribués par Kœchel aux diverses
sonates, — et faute de pouvoir transcrire le vrai
numéro de Kœchel pour une sonate qui, du moins
en tant que composition originale, ne figurait pas
dans le catalogue de celui-ci, — M. Saint-Saëns a
bravement donné comme étant le numéro de la
fausse sonate pour le piano K. 547 qui est, en réalité,
le numéro de la sonate pour piano et violon d'où fut
extrait le susdit *Allegro*. Et le plus fort, c'est que le
catalogue de Kœchel eût renseigné à souhait M. Saint-
Saëns qui, à la page 511, y aurait trouvé, dans l'appendice, cette fausse sonate sous le nº 135, parmi les
arrangements artificiels que l'avidité des éditeurs
infligea, quelques années après la mort du maître, à
une multitude d'œuvres de Mozart. On avouera

qu'en fait de « révision » M. Saint-Saëns a vraiment le sourire.

On se demande pareillement si M. Saint-Saëns ne s'est pas payé notre tête en offrant, comme inscrite par Kœchel sous le numéro 533 et composée en 1788, la sonate nº 15 de son recueil. Ne saurait-il donc pas que les nouvelles éditions populaires ne la contiennent pas plus que la précédente, du moins sous la forme apocryphe et inepte qu'elle revêtait dans les anciennes ? C'est également vers 1800 que cette soi-disant sonate a été confectionnée ainsi de deux parties qui, non seulement étaient distinctes à l'origine, mais présentent entre elles une disparité de caractère assez profonde pour qu'on soit nettement choqué de les voir réunies par un Mozart dans une même composition. Les deux premiers mouvements, *Allegro* en *fa* et *Andante* en *si b*, sont un fragment dans le « style sévère », composé par Mozart à Vienne, le 3 janvier 1788 (K. 533). Le ton de *si b* de l'*Andante* atteste évidemment que Mozart avait l'intention de compléter cette sonate en « style sévère » par un finale approprié qu'il n'a pas trouvé le loisir de faire. Les arrangeurs se sont chargés de la besogne et ont choisi à cet effet un *Petit Rondo* (K. 494) composé par Mozart deux années auparavant, le 10 juin 1786. Dans le manuscrit original, ce *Petit Rondo* n'est d'ailleurs pas qualifié d'*Allegretto*, comme le désigne M. Saint-Saëns, mais bien d'*Andante*. Ecrit en clef d'*ut*, c'est un petit morceau gracieux et facile, en somme insignifiant, qui détonne péniblement auprès des deux pièces qui le précèdent. Encore les vieilles éditions, qui admettaient l'ensemble incohérent de cette fausse sonate, avaient-elles le scrupule de noter, au bas du finale, qu'il avait été composé en 1786, deux ans avant le reste de l'ouvrage dont il formait l'inopinée péroraison. M. Saint-Saëns, lui, ne souffle mot de cette origine antérieure, non plus que du numéro particulier (494) assigné par Kœchel à ce finale. Il inscrit pour le tout K. 533 et la date 1788. Il eût été dommage assurément d'exclure de la nouvelle édition ces deux premiers morceaux, qui sont fort beaux, de cette sonate *inachevée*, et on n'aurait pu qu'approuver M. Saint-Saëns de l'y avoir introduite sous sa forme authentique et non pas dans la version apocryphe. On l'eût même félicité d'accueillir aussi pour la première fois dans un tel recueil un superbe *Allegro* de sonate également inachevée, composé par Mozart en août 1786, en *si b*, relégué par Kœchel dans son appendice (n° 136) et classé sous le numéro 466 par MM. de Wyzewa et de Saint-Foix. Mais M. Saint-Saëns en ignorait peut-être jusqu'à l'existence.

M. Saint-Saëns est d'ailleurs à tous égards un singulier « réviseur », et spécialement sur la question des dates. Il s'est cru tenu de nous révéler, en tête de chacune des sonates, l'année de sa composition.

Mais, là encore, son ignorance ou sa négligence l'ont
fourvoyé en des erreurs d'autant plus inexcusables
qu'il avait aujourd'hui à sa portée de quoi être immédiatement éclairé. Dédaignant tout ce qui a été publié sur Mozart, en France aussi bien qu'à l'étranger,
depuis la date lointaine où Kœchel, en 1862, publiait
la première édition de son catalogue, il s'est servi de
ce catalogue sans remarquer que, à la page XVI de
son Introduction, l'auteur y prévenait qu'il avait pris
la précaution de signaler toutes les dates *incertaines*
par un astérisque. C'est ainsi notamment que, Mozart ayant rédigé son propre catalogue à partir de 1784,
l'excellent Kœchel a rangé dans les années 1782 et
1783, mais avec un astérisque, quarante-cinq œuvres,
dont certaines considérables, qu'il savait très bien
ne pas appartenir toutes à ces années-là, mais qui,
du moins, n'avaient pu être composées après cette
époque, puisqu'elles ne se trouvaient pas sur la liste
de Mozart commencée en 1784. Aussi, pour les six
premières sonates de son recueil, M. Saint-Saëns
fait-il un contresens lorsque, croyant reproduire une
affirmation de Kœchel, il inscrit sur chacune de ces
sonates : « Composition en 1777. » M. Saint-Saëns
a négligé l'astérisque. Kœchel voulait dire seulement
que ces sonates n'ont pu être composées après 1777,
ce qui est parfaitement vrai. Mais, en sa qualité de
« réviseur », il n'était pas permis à M. Saint-Saëns
d'ignorer que, depuis la publication du livre de

Kœchel, la date exacte de ces six premières sonates a été fixée avec une certitude indubitable. Cette date nous est livrée par Mozart lui-même qui, dans une lettre à sa sœur du 9 juin 1784, parle de la sixième de ces sonates comme d'une œuvre « composée jadis par lui à Munich pour le baron Durnitz. » Or, d'autres lettres de Mozart et de son père nous apprennent que le jeune maître a travaillé pour ce baron Durnitz durant les premiers mois de 1775, pendant le séjour qu'il fit à Munich pour la mise au point de sa *Finta Giardiniera*. C'est donc en janvier ou février 1775 que Mozart écrivit la sonate en *ré*, et, comme cette sonate dénonce un immense progrès sur les cinq précédentes, il va de soi que celles-ci n'ont pu être composées qu'antérieurement. C'est ce qu'ont d'ailleurs établi définitivement MM. de Wyzewa et de Saint-Foix dans leur ouvrage, en démontrant la concordance de ces cinq sonates avec d'autres compositions de la seconde moitié de 1774. La fécondité et la rapidité d'évolution du génie de Mozart rendent l'observation beaucoup plus importante qu'elle n'en a l'air ; car, composées en 1777, ces cinq sonates nous décevraient quelque peu par certaine gaucherie indéniable, tandis que celle-ci s'explique le mieux du monde quand on sait qu'il s'agit ici d'œuvres de jeunesse d'un adolescent de dix-huit ans à peine.

Mêmes erreurs et non moins faciles à éviter pour

les sonates suivantes. Là encore, Kœchel ne donne les dates que comme hypothétiques, et accompagnées d'un astérisque ; et, là encore, nous possédons aujourd'hui des lettres de Mozart pour nous renseigner. Lorsque Mozart, écrivant de Paris dans l'été de 1778, annonce qu'il a l'intention de faire graver ce qu'il appelle ses « six grandes sonates » ou aussi ses « six sonates difficiles », on entend bien qu'il ne parle pas des six premières, composées jadis à Salzbourg et à Munich. En réalité, c'est pendant son voyage, à Mannheim, puis à Paris, entre l'automne de 1777 et l'été de 1778, que Mozart a composé toutes les sonates portant les numéros de VII à XIII du recueil de M. Saint-Saëns. Il résulte expressément de la lettre susdite et d'autres ultérieures que, sauf peut-être pour le numéro X, écrit sur un autre papier et dans une autre clef que le reste, ces sonates ont été composées à Paris en 1778, et non pas en 1779, comme le marque M. Saint-Saëns. Et l'erreur de M. Saint-Saëns a le regrettable inconvénient d'escamoter cette particularité intéressante, que les sonates les plus connues de Mozart ont été composées chez nous, à Paris, sous l'influence directe de la culture et de l'ambiance musicales qui y régnaient alors.

Tout cela n'est déjà pas ordinaire de la part d'un réviseur opérant en 1915, mais il y a mieux encore. Si la « révision » de M. Saint-Saëns accorde l'hospita-

lité de son recueil à des sonates apocryphes, en revanche, elle en oublie une de l'authenticité la plus
pure. Ce morceau, que toutes les nouvelles éditions
populaires sont unanimes à publier désormais, est
la *Sonate* en *si b* (K. 570), composée par Mozart à
Vienne en 1789. Cette sonate, à la vérité, fut d'abord
et longtemps éditée avec un accompagnement de
violon postiche, tout à fait inutile d'ailleurs, et dans
les vieilles éditions de Mozart elle est classée parmi
les sonates de violon. Mais on a depuis réparé cette
erreur, que Kœchel, dès 1862, signalait formellement
par une citation de Jahn, et nul, hormis M. Saint-
Saëns, n'ignore plus aujourd'hui que cette *Sonate*
en *si b* est l'une des dernières œuvres que Mozart
écrivit pour le piano seul, ainsi qu'il l'indique lui-
même dans son catalogue autographe.

Voilà donc les résultats de la « révision » de M. Saint-
Saëns. Telle est l'édition *française* qu'il osa publier
sous sa signature et que, au moment où nous nous
trouvons, il oppose consciemment ou non aux éditions allemandes. Le scandale est d'autant plus honteux et impardonnable que, encore une fois, M. Saint-
Saëns disposait pour son travail, — et de source
française, — des éléments d'information les plus
complets et de la plus « incontestable valeur ». Il
n'avait, comme je l'ai fait moi-même et comme il est
loisible à quiconque, qu'à consulter le livre de
MM. de Wyzewa et de Saint-Foix, où il aurait

trouvé, non seulement des découvertes nouvelles, mais aussi maintes conclusions positives de l'érudition musicale antérieure, modifiant ou corrigeant ces vieilles éditions de Mozart que M. Saint-Saëns a connues dans sa jeunesse, et qu'il s'est borné à nous restituer avec toutes leurs fautes, ou plutôt qu'il nous a restituées en y ajoutant des fautes nouvelles. Car cette édition ne se contente pas d'être incomplète, apocryphe, erronée quant aux dates, elle est, par-dessus le marché, incorrecte. Aux deux dernières mesures de la page 98, aux mesures 1, 3, 4, 5, 7, 8 et 9 de la page 99, l'absence de « liaisons » entre les deux parties supérieures défigure outrageusement un cé-lèbre passage de la *Sonate* en *la* mineur ; à la der-nière mesure de la page 208, il manque un *gruppetto* au-dessus du *mi*. Et j'en passe peut-être de meilleures. Vendu cinq francs, plus cher que toutes les éditions populaires, ce volume n'est, en somme, à tous égards, qu'un attrape-nigauds.

Cette aventure suggère des réflexions plutôt amères. Elle montre que, comme son esthétique et sa critique, l'érudition de M. Saint-Saëns est tout au plus de la conversation de salon. On le savait déjà, car M. Saint-Saëns est coutumier du fait. N'eut-il pas la fantaisie, il n'y a guère, de publier les *Pièces de Clavecin* de Rameau en en supprimant carrément les ornements ? Ce qui équivaut à peu près à éditer la reproduction d'une cathédrale gothique en lui enlevant ses vitraux, la parure de ses statues et la broderie de ses ogives. Ou, pour prendre un autre exemple : Bach ayant l'habitude de réaliser ses ornements au lieu d'en mettre le signe, le procédé de M. Saint-Saëns reviendrait à publier les œuvres de clavecin de Bach en en retranchant çà et là quelques notes au petit bonheur. Cependant, M. Saint-Saëns n'est peut-être pas le plus coupable en l'espèce. Il pèche par l'ingénue présomption de l'ignorance, mais, au demeurant, il ne fait que ce qu'on lui demande. Il n'est pas probable que M. Saint-Saëns ait postulé pour entreprendre la révision des œuvres de Rameau et de Mozart. On le lui a évidemment proposé, et il a accepté à la légère. On a voulu se servir de son nom : on l'a ridiculisé et on aurait ridiculisé en même temps notre musicologie française, si M. Saint-Saëns avait quoi que ce soit de commun avec elle. On ne s'improvise pas musicologue. En musique comme autre part, la révision des textes anciens exige des études spéciales, des connaissances qui ne sont point enseignées dans les conservatoires. Les professeurs de ces établissements en sont généralement fort incapables et les musiciens créateurs plus que personne. C'est ce que nos éditeurs français s'obstinent à méconnaître. Ils ne semblent pas se douter que nous possédons aujourd'hui, et depuis pas mal de temps, une cohorte de musicologues qui ne le cèdent en rien aux plus réputés d'outre-Rhin et même leur

dament souvent le pion. C'est, entre tous, le cas de
MM. de Wyzewa et de Saint-Foix, auxquels on
n'avait qu'à s'adresser, en l'occurrence, pour obtenir
une édition de Mozart vraiment « définitive », supérieure à toute autre et même aux allemandes.

Dans ces conditions, et surtout à l'heure où nous
sommes, il est profondément déplorable que les ignorances associées d'un éditeur et d'un « réviseur »
français aient abouti à un résultat aussi humiliant
pour notre pays. La question de l'édition en France
des classiques de la musique est à l'ordre du jour.
Elle est extrêmement intéressante, aussi bien au
point de vue de notre industrie et de notre commerce nationaux que de notre culture artistique. Je
tâcherai d'y revenir une autre fois plus au long.
Quelques-uns de nos éditeurs ont projeté, annoncé
ou même ébauché de telles publications, sur le modèle des éditions populaires dont l'Allemagne a
gardé jusqu'à présent le monopole, et on peut lire
sur certains prospectus un appel au patriotisme des
artistes et mélomanes français en faveur de semblables entreprises. Rien de plus naturel : un appel
de ce genre apparaît presque superflu désormais, et
là même où il manque il est sous-entendu par tous.
Mais il ne saurait être légitime que s'il apparaissait
justifié par ailleurs. Le véritable patriotisme ne con-
sisterait-il pas avant tout, de la part de nos éditeurs,
à offrir à leur clientèle des éditions irréprochables ?

Et n'est-ce pas plutôt le contraire du patriotisme que de faire de la qualité de « français », vis-à-vis du consommateur, la caractéristique et la recommandation essentielles d'un produit inférieur ? C'est à quoi, par la « révision » qu'il signa, M. Saint-Saëns a réussi au delà, certes, de toute attente.

Juillet 1915.

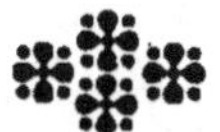

III

L'ÉDITION POPULAIRE EN FRANCE

Dans le *Bulletin musical* de la Revue S. I. M., paru en mars 1915, on pouvait lire le communiqué que voici :

Les éditeurs de musique français ont décidé d'unir leurs efforts et de se solidariser pour faire œuvre nationale. Une Société française d'Editions musicales, réunissant la plupart des grandes maisons d'édition, va se fonder pour travailler utilement à la diffusion des œuvres françaises, classiques et modernes et lutter contre l'accaparement méthodique réalisé jusqu'ici dans le monde entier par leurs concurrents allemands.

D'autre part, le même *Bulletin* annonçait, dans la même colonne, qu'une firme importante préparait

de son côté « une édition populaire des grands classiques, à laquelle collaborent entre autres les maîtres
Saint-Saëns, Fauré, Debussy et Paul Dukas ». Ces
deux communications sembleraient volontiers con-
tradictoires, puisque l'association proclamée voisi-
nait justement une entreprise individuelle. Quoi
qu'il en soit, elles n'en démontreraient que mieux,
par leur coïncidence, que la question est à l'ordre du
jour et que nos éditeurs français songent enfin à
secouer le joug allemand dans la circonstance. Ils s'y
prennent peut-être un peu tard. La plus répandue
des éditions populaires allemandes, l'Edition Peters,
date de 1864 et compte, à l'heure qu'il est, environ
3.500 numéros dont bon nombre forment des volumes considérables. La vérité oblige à reconnaître
que les éditeurs français n'ont à accuser qu'eux-
mêmes de « l'accaparement méthodique réalisé dans
le monde entier par leurs concurrents allemands ».
La première idée qui vous vient est de leur demander
pourquoi ils n'ont pas fait comme eux. Mais, il faut
bien l'avouer, nos éditeurs furent longtemps, avant
tout, des marchands de papier imprimé qu'ils s'effor-
çaient de vendre le plus cher possible. Il y a une
cinquantaine d'années, leur ignorance égalait celle
du public, et leurs fonds consistaient surtout en
morceaux de salon et en partitions à succès. Certains
pourtant se risquaient aux « classiques », mais,
quoique n'ayant ici aucune redevance à payer à l'au-

teur défunt, ils n'en éprouvaient pas la plus infinitésimale tentation de modérer des gains d'où résultent
les bonnes maisons et les fortunes bien assises. Il y
a quelque trente ans, on vendait encore à Paris les
sonates de Beethoven à un « prix fort » variant entre
5 et plus de 10 francs *la pièce*. Cette édition existe
toujours, marquée aujourd'hui en « prix nets » de
1 fr. 70 à 5 francs, si bien que les trente-deux sonates de Beethoven reviennent, achetées ainsi sépa-
rément, à la somme de 87 fr. 35. A vrai dire, le même
catalogue les offre réunies en trois volumes pour
15 francs. Les éditions populaires allemandes les
donnent depuis 4 marks 50, c'est-à-dire 5 fr. 65, en
un volume. Il est trop évident que le bon marché
est une condition capitale de succès en l'espèce. Or
nos éditeurs actuels ne semblent pouvoir se résoudre,
à cet égard, à renoncer aux errements d'antan. Ils
affectionnent le procédé des morceaux « séparés » ou,
parfois même, des « numéros ». L'un d'eux a commencé depuis quelque temps une intéressante collection, publiée « sous la direction artistique » d'un
de nos plus célèbres compositeurs, à 0 fr. 25 le « numéro ». Le malheur, c'est que, dans cette édition,
une unique sonate de Beethoven comporte quelquefois deux et le plus souvent trois « numéros », de
sorte que quatorze *Sonates de Beethoven* y arrivent
à coûter 8 fr. 50, tandis que, comme on l'a vu, le
« concurrent allemand » ne fait payer les trente-deux

que 5 fr. 65. Les vingt-quatre préludes et fugues du *Clavecin bien tempéré* de Bach font un total de 6 francs, alors que l'édition allemande les fournit pour 4 marks ou 5 francs, révisés par Tausig. Pareillement, dans une édition ébauchée, à propos de laquelle un prospectus fait appel au « patriotisme de tous les Musiciens français pour aider à propager, dans la mesure de leurs moyens, une œuvre éminemment française », on trouve *Douze Etudes*, op. 10, de Chopin, pour 3 fr. 50 et trois *Sonates de Mozart* pour 2 fr. 30. Le « concurrent allemand » vend les vingt-quatre *Etudes de Chopin* 2 marks (2 fr. 50) et les dix-sept *Sonates de Mozart* 2 mk. 50 (3 fr. 15). Il est vrai que l'édition française des *Douze Etudes* de Chopin est une « édition de travail » publiée par un pianiste réputé, et pourrait prétendre, par là, justifier son prix plus élevé. Peut-être, mais alors il ne s'agit plus d'édition « populaire » destinée à concurrencer les étrangères ; et, d'ailleurs, celles-ci ne se privent pas non plus de « réviseurs », parmi lesquels Tausig, Sauer et Balakireff, entre autres moins reluisants quoique largement suffisants pour le travail qui seul soit licite en l'occurrence, à savoir l'indication de doigtés et la réalisation des graphismes scabreux.

En dehors de cela, en effet, l'intervention d'un « réviseur », virtuose ou musicien créateur, s'avère plutôt dangereuse, où que ce soit tout autant que chez nous. L'un ou l'autre est incompétent pour la révision critique des vieux textes et, hormis les sus-dits secours purement pédagogiques, tout ce qu'il se permettrait d'y ajouter ne serait qu'une atteinte à la pensée du maître « révisé ». Sans doute, on ne peut empêcher un Hans de Bülow de publier les *Sonates de Beethoven* accompagnées d'un commentaire didactico-romantique résumant son interprétation personnelle de ces œuvres. Mais de telles fantaisies ne rentrent pas dans le cadre d'une édition populaire. Au surplus, ces « révisions » signées de noms fameux ou plus ou moins connus ne sont guère, au fond, d'ordinaire, que des expédients commerciaux, et expédients à combien courte vue ! Le prospectus dont je parlais tout à l'heure énumère une « première liste de collaborateurs », où on rencontre tout d'abord la collection complète des professeurs de notre Conservatoire de Paris avec les Directeurs de ses succursales de province auxquels s'adjoignent une quarantaine de compositeurs, virtuoses, professeurs ou musicographes, ces derniers au nombre de trois. Parmi ces quatre-vingt-quatre collaborateurs, à peu près tous décorés ou palmés, on en chercherait vainement une dizaine de péremptoirement qualifiés, par leurs travaux, carrière ou connaissances, pour réviser un texte. Toutefois, la plupart étant professeurs, on ne saurait les récuser pour la partie pédagogique de la tâche, et il n'est nullement téméraire d'espérer que leurs élèves s'empresseront d'acquérir les éditions auxquelles ils auront accordé leur colla-boration. Seulement, pour combien de temps ? Les professeurs disparaissent et l'édition demeure. Après le décès de M. Lucien Capet, par exemple, que je souhaite le plus tardif possible, qui donc préférera acheter pour 3 francs les 42 *Etudes* de Kreutzer, « revues et annotées » par lui, plutôt que de payer 1 mark (1 fr. 25) le même ouvrage « révisé par Hermann ?

Il semble que nos éditeurs aient le tort d'envisager un but volontiers circonscrit et un résultat immédiat. Rien n'est plus contraire aux principes qui doivent servir de base à une « édition populaire » pour qu'elle ait quelque chance de réussite. Une édition popu-laire est fort loin d'être dédiée exclusivement, ou même simplement à priori, aux professeurs, aux maîtresses de piano et à leurs élèves. Elle doit essen-tiellement constituer un instrument de culture mis, comme son nom l'indique, à la portée de tous et des moins fortunés par la modicité de ses prix ; elle doit s'adresser à tous les mélomanes, avoir pour objectif la clientèle d'un toujours plus grand public que pré-cisément la culture qu'elle propage aura pour consé-quence d'accroître et de multiplier. Il est douteux qu'un seul pays, en tout cas, que la France à soi seule puisse suffire à faire prospérer une véritable édition populaire. Ce n'est d'ailleurs vraisemblablement pas

la pensée de l'association projetée de nos éditeurs
français de s'y restreindre, puisqu'ils parlent de
lutter contre un « accaparement mondial ». La matière est de celles où il ne faut pas craindre la méga-
lomanie des ambitions les plus vastes. C'est le monde
entier qu'il faut se proposer carrément de conquérir,
si on veut réaliser seulement le demi-quart de son
dessein. Assurément, il ne sera pas très commode de
déloger des concurrents solidement installés par tout
le globe et, au demeurant, ayant absolument mérité
le succès qu'ils ont obtenu. Le moyen d'y parvenir
n'est pourtant pas bien compliqué, et il n'y en a
qu'un : *offrir à un prix égal ou inférieur des éditions de
qualité supérieure.* Cela peut paraître difficile ; cela
demande du travail, de la patience et du temps, car
une entreprise de ce genre ne s'improvise pas. Mais
ce n'est pas impossible. Que nos éditeurs associés
imitent leurs « concurrents allemands » dont les éditions populaires ne se sont pas faites en un jour ni
sans de sérieux sacrifices. On doit semer pour récolter.

La question du prix sera sans doute la plus délicate, peut-être la plus pénible pour nos éditeurs. Ils
seront obligés de changer leurs habitudes. Le principe de l'édition « populaire » est de gagner peu par
exemplaire et d'en vendre beaucoup, c'est-à-dire
justement l'opposé de ce dont ils avaient coutume.
Sur leurs prix déjà si minimes, les éditions populaires

allemandes consentent une remise très notable aux magasins de détail. S'ils veulent supplanter leurs rivaux à l'étranger, il sera naturellement de toute nécessité que nos éditeurs accordent à cette sorte de clientèle des avantages identiques, et, s'ils le font pour les étrangers, on ne voit pas quelle raison valable ils pourraient invoquer pour les refuser aux Français. Même si une circonspection déplorable les induisait à confiner leurs efforts à la seule conquête de notre marché national, on comprendrait mal qu'une édition populaire française essayât d'imposer aux Français des conditions plus onéreuses que celles des concurrents qu'on désire évincer. Le patriotisme ne doit pas être une affaire. A ceux qui leur diraient : « Payez plus cher par patriotisme », public et détaillants répondraient assez légitimement : « Par patriotisme, gagnez moins. » Et si ce n'était vraiment pas possible, si, pour des causes que j'ignore, nos éditeurs français ne peuvent réellement parvenir à joindre ainsi les deux bouts, alors qu'ils ne se lancent pas dans l'aventure. Ils y perdraient leur temps, leur peine et leur argent.

Mais il n'est pas probable que leur cas soit si désespéré. Une édition populaire est une entreprise de longue haleine. Que nos éditeurs se décident aux gros tirages, où les frais de premier établissement sont amortis par la quantité ; qu'ils abandonnent le truc des morceaux séparés ou des « numéros », ou ne les conservent que subsidiairement à des « œuvres complètes » divisées en volumes. L'acheteur d'*une* Sonate de Beethoven ou d'*un* Nocturne de Chopin ne sera jamais un bon client pour les éditeurs de musique. Il est généralement un élève à qui sa famille fait prendre des leçons de piano qui l'indiffèrent. C'est avec des volumes qu'on se forme une bibliothèque, que peu à peu on se cultive, qu'on est irrésistiblement incité à vouloir connaître toujours plus de musique, — et qu'on en achète. L'édition populaire engendre la clientèle de l'avenir autant qu'elle satisfait celle du présent, sinon peut-être davantage. Nos éditeurs disposent d'ailleurs de tout un domaine où ils restent jusqu'aujourd'hui sans concurrents ou presque, c'est la musique de nos clavecinistes français des XVIIe et XVIIIe siècles, art délicieux, parfois profond, d'une importance précieuse dans l'évolution musicale, et que l'inconscient chauvinisme allemand dédaigna. Quelques-uns ont commencé à l'exploiter, mais à la manière chez nous traditionnelle. On trouve dans le catalogue d'une nouvelle « Edition classique » les *Pièces de Clavecin* de Couperin en quatre recueils de 5 francs chaque, c'est-à-dire à un prix de plus du double supérieur à celui de la collection anglaise d'Augener. Autre part, on rencontre quinze pièces de Dandrieu et dix-sept de Daquin à o fr. 75 chacune, ce qui fait respectivement 11 fr. 25 e' 12 fr. 75 pour l'ensemble. Tout cela est beaucoup trop cher. Ce n'est pas ainsi qu'on répandra le goût de cet art si injustement oublié, représentatif entre tous de notre génie national. Ici encore, ce sont des « œuvres complètes » dont on doit poursuivre la réalisation progressive, et au prix le plus bas possible.

A un prix égal ou inférieur, une « Edition populaire » française devra être supérieure en qualité à ses concurrentes, — et elle le peut fort bien, par bonheur. Elle a la chance d'arriver la dernière. Quoique perfectionnées incessamment, les éditions allemandes pâtissent fatalement de la date éloignée de leur fondation. De plus, si la révisiomanie n'est souvent pas moins décevante outre-Rhin que chez nous, elle s'atteste assez fréquemment d'une impavide incontinence à laquelle nous n'atteignons certes pas. L'effrontée falsification des œuvres du vieux Rust par son docte petit-fils en est sans doute le plus ahurissant exemple, mais auquel le cède à peine le tripatouillage des *Sonates* de Philipp-Emanuel Bach que, pour l'Edition Peters, Hans de Bülow osa perpétrer sans vergogne. D'autres s'octroient la liberté de suggérer des nuances, des liaisons, bref toute la lyre de ce que M. Hugo Riemann en son pédant jargon dénomme *Phrasirung* ; et sans que rien prévienne que tout cela émane de leur cru. « *Bearbeitungen* » ou « révisions » arbitraires ne sont désormais plus de mise. Les anciennes éditions de ce genre

sont vouées à l'oubli, les nouvelles, condamnées
d'avance. On réclame aujourd'hui des textes authentiques, on exige la pensée des maîtres en son intégrité
stricte. Les progrès de la musicologie permettent, à
l'heure actuelle, d'apporter une rigueur « scientifique » à l'édition critique des œuvres du passé. C'est
à quoi il faut s'appliquer par-dessus tout. Une édition populaire fournissant un texte d'une pureté
impeccable et enrichi des variantes éventuelles, dis-
tinguant soigneusement, par des artifices typogra-
phiques, tout ce qui ne proviendrait pas des manuscrits ou éditions princeps, offrant par surcroît l'auxiliaire de doigtés ou autres précautions pédagogiques,
où chaque recueil pourrait, en outre, être avantageu-
sement précédé d'une préface biographique et his-
torico-didactique, une telle édition, d'où qu'elle
vienne, non seulement n'aurait aucune concurrence
à redouter, mais serait assurée de remplacer bientôt
ses rivales. Elle intéresserait ou instruirait tout le
monde : professeurs, élèves, amateurs, mélomanes,
compositeurs et musicographes. Elle constituerait un
merveilleux instrument de travail autant que de
culture. Dernière venue de toutes, à même de profiter des plus récentes conquêtes et méthodes de
l'érudition contemporaine, l'édition populaire française annoncée peut aisément devenir cette édition
idéale. Quoi qu'il en coûte à l'établir, nos éditeurs
seraient certains de récupérer leurs débours, avec le

temps, peut-être, mais avec usure aussi : les éditions populaires allemandes rapportent des fortunes.

En ce qui concerne les « classiques », au surplus, les Allemands nous ont mâché la besogne. C'est d'ailleurs ce qu'ils font de mieux. Les éditions critiques de la maison Breitkopf et Haertel sont des travaux dignes de tout respect autant par leur qualité que par leur désintéressement. Leurs résultats, en effet, en tant qu'ils reproduisent fidèlement les textes originaux, tombent *ipso facto* dans le domaine public. On a qu'à les utiliser après vérification minutieuse, car l'érudition allemande demande à être contrôlée. Les éléments de ce contrôle sont à la disposition de chacun ; des ouvrages spéciaux, tels que le *Quellen-Lexikon* de Eitner, — *Dictionnaire biographique et bibliographique des Sources*, — contiennent à cet égard les renseignements nécessaires, et leurs lacunes ou erreurs sont peu à peu comblées ou rectifiées par les musicologues. En vérité, il n'y a qu'à vouloir. A ce propos, et entre parenthèses, on ne s'explique vraiment pas que, pour les *Sonates de Mozart*, M. Saint-Saëns et son éditeur n'aient pas eu recours à l'édition critique de Breitkopf et Haertel ou, mieux encore, à l'*Urtext-Ausgabe* publiée par l'Académie Royale des Arts de Berlin, qu'ils n'avaient tout bonnement qu'à démarquer, au lieu d'accoucher du monstre dont j'ai dû signaler l'abracadabrance.

Il faut saluer joyeusement ce réveil de nos éditeuis, que semblent dénoncer les communications que j'ai citées. L'édition musicale française a été jusqu'ici peut-être avant tout desservie par les lois sur la propriété artistique dans notre pays. En garantissant pendant cinquante années à nos commerçants la propriété des œuvres, on les a préservés de toute concurrence et on les a privés de ses bienfaits ; on a encouragé chez eux l'indolence, par la satisfaction quiète des larges bénéfices de tout repos inhérents à tout monopole. En Allemagne, où cette propriété ne dure que trente ans, — et c'est déjà trop, — sa fin provoque aussitôt l'émulation la plus féconde. Depuis 1900, Berlioz jouit chez nos voisins d'une excellente et luxueuse édition critique, et ses œuvres sont vulgarisées par toutes les éditions populaires. Dès 1914, Wagner eut le même sort. Les éditions populaires allemandes s'en disputent âprement la vente, et cela « dans le monde entier ». J'ai sous les yeux un catalogue de l'une d'elles où les partitions de Wagner sont offertes, *avec paroles françaises*, à des prix variant de 4 à 6 francs, et de 2 fr. 70 à 5 francs pour piano seul, sans compter d'innombrables arrangements pour tous les instruments imaginables. Il est fâcheux de devoir constater que l'éditeur français propriétaire de quelques-unes de ces partitions n'a pas encore songé à en diminuer le prix, marqué respectivement 20 et 15 francs. C'est par la vulgarisation à bon marché des chefs-d'œuvre

qu'on crée, par la culture, la clientèle, laquelle amène
les profits. Il y a quelqu'un de plus riche que M. de
Rothschild, c'est M. Tout-le-Monde. Nos ennemis
l'ont compris avant nous. Imitons-les tout tranquillement pour les vaincre. À l'égard des « classiques »,
nos éditeurs auraient la partie belle. A dire vrai,
l'événement a montré que peut-être ils péchaient un
peu beaucoup du côté de la compétence. La disgrâce
ne leur est nullement particulière. Je me souviens
que le jeune éditeur de Richard Strauss, M. Fürstner
fils, parlant à ma personne, me déclara un jour tout
fièrement ne rien connaître à la musique et estimer
qu'il n'en valait que mieux pour lui et son commerce.
Du moins ne se mêlait-il point d'éditer les « classiques ». Ici, ce n'est pas même assez de connaître et
d'avoir appris la musique ; il y faut une érudition
qu'on ne saurait acquérir dans les Conservatoires,
puisque les programmes de ces établissements n'en
comportent pas les matières. Si leur nom peut faire
de l'effet sur une couverture auprès d'un public inaverti, les compositeurs les plus illustres n'en sont
pas moins totalement dépourvus, d'habitude, et
M. Saint-Saëns l'a surabondamment prouvé. Vouloir faire « réviser » par eux des textes, c'est à peu près
comme si l'éditeur Champion, par exemple, confiait
le même office à des poètes ou romanciers célèbres.
Il s'en garderait bien ; il s'adresse aux gens compétents. A la vérité, il est capable de les choisir, de les

diriger, et même de les suppléer. Que nos éditeurs
de musique tâchent d'en faire autant. Qu'ils décom-
posent leur « révision » des classiques : un érudit
pour établir un texte d'une authenticité parfaite, un
musicien pour les doigtés et, s'il lui plaît, des nuances,
des conseils d'interprétation, mais à l'expresse condition que soit rigoureusement distingué de l'original
tout ce qui vient du « réviseur ». Ils obtiendront ainsi
une « édition populaire » qui n'aura guère de rivale.
Il ne faut pas se lasser de le répéter : notre musicologie française, quoique relativement jeune et moins
nombreuse que l'allemande, ne le cède aujourd'hui
à aucune autre au monde pour l'érudition, la conscience et la véracité objective. Que nos éditeurs français cessent enfin de l'ignorer et sachent s'en servir,
et que leur effort obstiné se double de patience. Rien
de bien ni de durable ne s'improvise. Travaillons
donc et prenons de la peine. Quoique ayant peu de
goût pour l'auto-admiration, même « patriotique »,
je crois sincèrement qu'en l'espèce nous pouvons
ajouter sans présomption : c'est le fonds qui manque
le moins.

Septembre 1915.

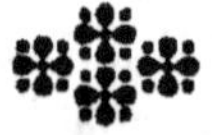

IV

UN *TRIO* DE MAURICE RAVEL

C'EST le 28 janvier dernier qu'eut lieu ce concert, le premier auquel j'assistai de la saison.
Un public plutôt clairsemé, distrait, semblant penser
à autre chose. Il y avait évidemment de quoi. Çà et
là, quelques embusqués dans·la réforme ou autre
part : la musique adoucit les mœurs. Bien des gens
ne s'étaient pas rencontrés depuis le juillet précédent. On se retrouvait. On avait l'air de se reconnaître comme après un voyage, peut-être, de
quelques années sans nouvelles, tout surpris de se
revoir les mêmes après une si longue absence. Les
six mois qu'on venait de vivre pouvaient certes
compter quintuple. La musique commença par un
Trio, alors inédit, de M. Maurice Ravel. Je ne me

flatte pas, je l'avoue, de pénétrei un ouvrage de ce genre à première audition. Lenteur de la perceptivité musicale ou infirmité plus grave de l'esprit, j'ai besoin de m'en pénétrer tout d'abord, de m'en imprégner peu à peu, et volontiers par la lecture au piano réitérée. A défaut de cet auxiliaire, du moins me ferais-je scrupule d'en parler sans l'avoir entendu plusieurs fois. Je n'eus donc ce soir-là qu'une impression superficielle. Ce *Trio* cependant me parut le morceau le plus remarquable du programme, semblant trahir quelque tendance à une simplicité savoureuse, — un peu court toutefois. Mais, trouver qu'un *Trio* finit trop vite, cela ressemble fort, en somme, à un compliment. Assurément ; peut-être. Pièces brèves, exquises, *Six Préludes* de Claude Debussy venaient ensuite. Le choral liturgique sourdit de *la Cathédrale engloutie* dans un lagon diaphane, résonna vingt secondes, passa, s'évanouit harmonieux dans un murmure et, tout en écoutant *Ce qu'a vu le vent d'Ouest*, on songeait sans y prendre garde à ce qu'eût pu conter au même instant celui de l'Est. Les doigts prestes du parfait pianiste Alfredo Casella distillèrent non moins sûrement la quintessence raffinée des *Variations, Interlude et Finale* que M. Paul Dukas sut extraire d'un thème innocent de Rameau. Le maître Gabriel Fauré accompagna, de soi, huit *Mélodies nouvelles*, élégantes et brèves, limpides un peu peut-être à la manière du cristal d'uneau pure. Mme Claire Croiza chanta, comme elle sait chanter, « *Quand tu plonges tes yeux dans mes yeux* », « *Je me poserai sur ton cœur* », *Dans la Nymphée, Dans la Pénombre,* « *Il m'est cher, Amour...* ». Je confesse avoir quitté la place avant le *Scherzo* à deux pianos et la *Marche militaire* de M. Saint-Saëns, et je ne fus pas le seul, tant s'en faut.

Fut-ce à cause du contraste un peu trop éloquent avec les contingences ? Un sentiment de gêne, de malaise inconscient m'étreignait en sortant. Velléité injuste, au fond, car il ne s'agissait que d'un concert intime, et donné par surcroît dans une salle qui a l'inconvénient d'être trop exiguë pour la musique d'orchestre et trop vaste pour la musique de chambre. Celle-ci y est perdue, y apparaît rapetissée et affadie. Je ne m'en remémorais pas moins, un peu amèrement, j'en fais l'aveu, l'analyse du caractère gaulois où, à propos de notre Fabuliste, de celui qu'on a pu surnommer « l'Inimitable », Taine en arrive à cette conclusion : « Telle est cette race, la plus attique des modernes, moins poétique que l'ancienne, mais aussi fine, d'un esprit exquis plutôt que grand, sensuelle, mais sans grossièreté ni fougue, point morale, mais sociable et douce, point réfléchie, mais capable d'atteindre les idées, toutes les idées, et les plus hautes à travers le badinage et la gaieté. » Il y a là-dedans de l'agréable et du sévère, du vrai et de la généralisation peut-être téméraire. S'il est certain

que ce soit « parce qu'il y a une France qu'il y a eu
un La Fontaine et des Français », si, dans les lignes
qui précèdent, « il semble que La Fontaine est
presque tout entier décrit, et d'avance », la Champagne n'est pas toute la France et les temps ont
marché depuis. La théorie de l'influence du « milieu »
n'en est pas atteinte, mais il importe de ne pas oublier
que ce milieu est multiple, à tout le moins nuancé
dans son essence générale, et qu'au cours inexorable
des siècles il varie selon le « moment », qui en est
partie intégrante et déterminante. Il est trop évident
que, comme le peuple qui y naît et vit, l'art d'un pays
est engendré du sol à l'égal de sa flore. C'est la plante
humaine qui produit son plus noble fruit. Notre
aimable climat, tempéré par deux mers, le charme,
la grâce affinée de notre « douce France » sont les
conditions primordiales de nos sensations quoti-
diennes, donc de notre sensibilité. La nature qui
nous environne est dépourvue de disparates et
d'excès. Une telle contrée, dans sa sérénité, modèle
avec délicatesse la glaise animée des êtres qui l'habitent. Comme ils n'ont pas coutume d'y ressentir
des impressions extrêmes, il leur manque l'envie,
sinon la faculté, de les exprimer. Un sentiment touchant, chez eux, s'énonce avec sobriété, remarque
Taine. Ils se gardent, même « en un sujet triste, de
pousser l'émotion jusqu'au bout ».

A ce propos, je me souviens que, dans une circons-

tance cordiale où nous étions émus tous deux, un de
nos grands artistes se mit soudain à m'expliquer, en
un discours un peu précipité, que l'émotion française
se distinguait des autres en ce qu'une incoercible
pudeur pouvait la rétracter, en quelque sorte, jusqu'à l'apparence parfois de la froideur et même de la
sécheresse. L'observation, je crois bien, est exacte,
sauf qu'on peut ajouter que l'émotion, chez nous, se
dérobe souvent aussi derrière la blague, mais, outre
les malentendus dont cette humeur de sensitive est
capable d'encombrer l'amitié, on en aperçoit aisément les possibles méfaits dans l'œuvre d'art. A cet
égard, il semble bien que la sociabilité native, origi-
nelle, qui fait le fond de notre tempérament national,
soit un danger réel. La solitude est la mère des chefs-
d'œuvre. L'acte de la création artistique implique un
obscur et complet détachement des êtres et des
choses. Nous, nous ne sommes jamais seuls. Voire
enfermés dans notre chambre et sans personne auprès
de nous, notre prochain nous accompagne invisible,
et se penche sur notre pensée par-dessus notre
épaule. Aussi, même dans l'œuvre d'art, ne nous
livrons-nous guère tout entiers. Il est ardu de bien
se connaître soi-même. Nous ne saurons jamais
quelle dose insue de « sentiment du ridicule » intervient dans cette « pudeur » qui bride notre émotion
et notre élan et qui constitue notre « goût ». C'est
peut-être pourquoi, si ce goût n'exclut pas l'énergie

et la force, notre art semble pourtant répugner malgré tout au véhément essor de l'instinct spontané d'où découle, au risque de quelque brutalité, la « puissance ». C'est peut-être aussi la raison pour laquelle notre lyrisme est si rarement dionysiaque, se plaît à une plasticité apollinienne ou devient volontiers oratoire.

Dès les origines, « avec nos Fabliaux, nos Romans du Renart et de la Rose, nos Chansons de Gestes », notre génie lucide et pondéré s'oppose aux conceptions tragiques, violentes ou rêveuses de ceux qui nous entourent. Nous n'avons eu alors « ni les Niebelungen (1), ni le Romancero, ni Dante ». Plus tard, nous n'eûmes point de Shakespeare. Cependant, aux confins du XVe et du XVIe siècles, nous avons eu Josquin, le sosie en son temps de Wagner dans le nôtre, son égal en puissance, certes ; mais puissance peut-être, à l'épreuve, plus fine, plus mesurée, de l'apollinienne eurythmie où se résout la frondaison touffue des statues, arabesques, ogives et verrières de nos cathédrales gothiques. A l'instar de celles-ci, l'œuvre entier de Josquin, dans sa lumineuse splendeur, est un spécimen accompli de notre art français ancestral, jailli du tréfonds populaire comme, de notre terre, nos chênes, nos moissons et les fleurs de

(1) C'est le texte de Taine et l'opinion généralement admise. Comparer cependant, plus loin, le chapitre : *Les Drames wagnériens*.

nos prairies vertes. Et, à mesure que s'accentue notre unité nationale, il semble que l'action de notre sociabilité s'accuse progressivement dans notre art. Encore que maints artistes géniaux aient plus ou moins échappé à l'emprise, nous avons eu un art « de cour », de plus en plus un art « de société ». Avec la centralisation outrée qu'est la nôtre, le cerveau de Paris monstrueusement disproportionné au corps qui le soutient. cet art de société se transmue insensiblement en un art « citadin », menacé toujours plus gravement de tout ce que le terme emporte en soi d'artificiel.

Aujourd'hui, dans notre pays, où, depuis la mort de Wagner, à bien peu d'exceptions près dans le monde, la musique semble s'être réfugiée toute, la « chanson populaire », ce pouls de l'art d'un peuple, ne s'élève au delà du café-concert que pour échouer à une sensiblerie à la Mimi Pinson ou à des effusions de midinette, brochant sur le plus benêt bourgeoisisme. C'est un des ennuyeux revers de notre « civilisation ». Il est fâcheux qu'avec *Mignon*, *Manon*, *Werther* et *le Jongleur de Notre-Dame*, ancrés sur nos affiches, on en soit acculé à devoir reconnaître en MM. Massenet et Thomas des « musiciens nationaux », aussi inéluctablement qu'à parer d'un titre analogue le mirlitoniste Rostand après le fils de Béranger, Coppée. Sans doute, notre art véritable plane au-dessus de ces misères, mais dénué d'assises immédiates, c'est au milieu de chardons et d'ivraie qu'il doit chercher des racines profondes dans la sensibilité autochtone. C'est dans une atmosphère citadine et, trop souvent, hélas ! « tout-Parisienne », que vit et évolue désormais notre art musical. Nos artistes sont volontiers fêtés dans les salons, où il est incongru d'élever trop la voix parmi les jolies femmes, autant que malséant d'accaparer la conversation. De telles mœurs et impressions journalières façonnent insciemment la sensibilité. Les caractéristiques les plus fines de notre tempérament national, nos qualités de goût et de mesure s'en aiguisent aisément quelquefois jusqu'au mièvre, aux briefs concetti polis et repolis, ciselés, fignolés, et nous nous imbibons de factice en ces endroits où l'ingénuité fait sourire. Il faut au génie même un rude entêtement instinctif pour résister à l'ambiance citadine et surtout salonesque. Chopin s'y abandonna sans vergogne et son œuvre en pâtit cruellement. Les meilleurs la subissent à l'occasion. Il serait vain de le vouloir dissimuler : « ce qu'a vu ce vent d'Ouest » ne peut s'imaginer que perlé sur un bel Erard à queue, sous les doigts d'un virtuose, pendant que Mme Claire Croiza attend son tour de chanter, « dans la pénombre » d'un paravent laqué. Cette ambiance successive et fatalement artificielle de pomposité, d'étiquette, de sociabilité et de « citadinisme » fait comprendre combien nous furent salutaires les influences de Gluck jadis, de Beethoven, puis de Wagner et enfin de Moussorgski récemment. Il nous est bon, de temps en temps, d'importer « un peu de nature », en l'empruntant à des contrées moins centralisées, moins polies, demeurées plus longtemps « barbares », sous les espèces d'impétueux, de bourrus, de rêveurs, de solitaires et d'ingénus. La turbulence et la brutalité mêmes d'un Richard Strauss ne nous ont pas été d'un commerce inutile. Il est précieux qu'un génie malotru traverse d'aventure en ouragan les salons de notre art.

C'est ainsi qu'arpentant les rues ténébreuses de notre moyenâgeux Paris nocturne actuel, je ruminais ces réflexions alambiquées, d'un pessimisme évidemment réveillé par la circonstance et non moins évidemment excessif. J'en acquis la preuve en rentrant, en retrouvant sur mon piano *Pelléas* et *Miroirs* côte à côte, et je me convainquis bientôt que j'avais bien mal choisi mon heure pour aristarquer de la sorte, car je venais justement d'entendre un chef-d'œuvre, et un chef-d'œuvre « français » jusqu'à la moelle. Les éditeurs Durand et Cie ont publié depuis ce *Trio de Maurice Ravel*. Il n'y en a pas beaucoup dans la musique qui lui puissent être comparés. Il faut se le mettre dans la peau, l'avoir lu et relu sans s'en pouvoir lasser, pour éprouver ce que la plus apollinienne beauté peut, en sa grâce « attique », comporter de force harmonieuse, de verve et d'émo-

tion ingénue et profonde. La vertu propre de cet
art est le lyrisme, ingénu par essence. Le musicien,
avec plus d'envergure, est de la lignée authentique
de notre doux et profond Couperin. Nul pathos, nul
intellectualisme abstrait dans cette musique pure,
dont Mozart n'a pas dépassé la spontanée maîtrise,
l'aisance ni le souffle ailé. Le premier mouvement,
bercé d'un rythme basque, enrobe de romantique
poésie la symétrie sereine de la forme classique. Dans
le second, le mètre du « Pantoum », cher à Banville,
est l'armature d'une fantaisie étincelante dont l'en-
volée s'exhausse à la grandeur. La « Passacaille »
audacieusement renouvelée sert de prélude à un
finale où, pour couronner l'œuvre, le musicien semble
se jouer, avec une sécurité désinvolte, dans la complexité d'entrelacs canoniques qu'on pouvait estimer
caducs, et qui revivent ici d'une jeunesse exubérante
et fraîche. L'unité de l'ouvrage est tellement intrinsèque, instinctive, que la forme cyclique y apparaît
réalisée à l'insu de l'auteur. Ecriture, harmonie, polyphonie, rythme ou inspiration, tout est neuf, personnel, d'une originalité intégrale — et simple, de
cette simplicité infuse qui fut notre secret, qui fait
la perfection de nos chefs-d'œuvre. L'émotion est si
délicatement incisive qu'elle semble contenue, dis-
crète, jusqu'à ce qu'elle vous pénètre et vous poigne.
Certes, c'est un chef-d'œuvre, un peu court, peut-
être, à mon gré, mais, tout de même, un vrai chef-

d'œuvre, qui honore notre art, dont la beauté porte
avec soi le réconfort des atavismes et qu'on est fier
de saluer en ce moment, où, pour un haut idéal
humain, nos soldats se battent là-bas, simplement,
sans pose ni grandiloquence, avec « l'ingénuité » qui
est peut-être, au fond, le plus sûr trait de notre race,
qui revient au galop, qu'elle recouvre d'instinct
quand elle est loin des villes, dans la saine nature, en
plein air, sous le ciel libre et franc de notre terre
gauloise.

Novembre 1915.

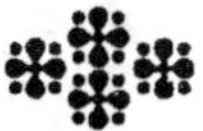

V

L'ART ET LA GUERRE

La reprise des grands Concerts n'a pas été brillante. C'est une vieille habitude que l'état actuel des choses et des ressources musicales ne pouvait qu'empirer. Le premier se signalait par la réapparition du nom de Beethoven sur l'affiche, et l'événement a passé, ma foi ! comme une lettre à la poste. L'ovation dont on salua M. Chevillard ne différa guère des manifestations coutumières à son retour annuel au pupitre. L'*Eroica* fut applaudie chaleureusement, mais ni plus ni moins qu'autrefois. Trop, cependant, pour la façon dont elle fut exécutée. On s'aperçoit à l'excès que le front nous enlève la fleur des éléments de nos orchestres. Quant à la *Symphonie Fantastique*, qui ouvrait la séance sous le bâton de M. Gabriel Pierné, elle fut littéralement massacrée. Pourtant on l'applaudit aussi. D'autre part, au Trocadéro, dans une cérémonie dédiée à la mémoire de Miss Cavell assassinée, on entendit du Gluck, que M. Vincent d'Indy fit inscrire au programme. Plus tard, on eut aussi *la Pastorale*, des *Ouvertures* de Beethoven et de Mozart. Ces velléités sont louables, mais combien timides encore ! Pourquoi faut-il qu'à cet égard nos ennemis nous humilient par leur exemple ? Depuis le commencement de la guerre, ils n'ont pas cessé de jouer du Berlioz, ni de représenter le répertoire des alliés sur leurs théâtres. Outre *Hamlet*, *Jules César* et *la Tempête* de l'Anglais Shakespeare, on y donne entre autres *Carmen*, *Mignon*, *les Contes d'Hoffmann*, *le Bal masqué* d'Auber, *le Postillon de Lonjumeau*, *la Juive*, *Madame Butterfly*, *Aïda*, *la Traviata*, *le Trouvère*, *Guillaume Tell*, et même *Orphée aux Enfers*, non de Gluck, mais de Crémieux et Offenbach. Si la salade n'est évidemment pas du meilleur goût, elle témoigne du moins d'une indéniable liberté d'esprit. Un célèbre chef d'orchestre allemand s'est même offert la fantaisie de diriger en Amérique un concert entièrement composé d'œuvres de M. Saint-Saëns. Celui-ci ne comprendra probablement jamais tout l'orgueil méprisant de ce geste, qui aurait pu être le nôtre. Si Wagner eût été Français, il est infiniment vraisemblable que ses chefs-d'œuvre n'auraient pas disparu un instant des scènes d'outre-Rhin. Ici, pour les

ravoir rien qu'au concert, nous devrons attendre
sans doute que ceux qui reviendront du front, éclopés
ou mutilés peut-être, les réclament avec vivacité,
ainsi qu'ils en ont l'intention bien formelle. Et quand
ils arriveront exiger « du Wagner », la croix de guerre
sur la poitrine, scandant leur volonté au rythme
« des lampions » sur la basse obstinée des coups de
leurs béquilles, on verra ce que MM. Saint-Saëns et
Masson trouveront à leur répondre.

Il est piteux que les élucubrations de ces deux
personnages et de leurs congénères académiques
semblent avoir chez nous suffisamment d'influence
pour qu'on *n'ose pas* transgresser leurs défenses
grotesques, malgré l'acquiescement évident et même
l'impatience du public mélomane. Il est triste, auprès
de tant d'héroïsme militaire, de devoir constater une
veulerie civile telle que l'intelligence s'incline désormais muette et résignée devant ce qu'elle sait
inepte. Grâce à une poignée de primaires braillards,
nous subissons la tyrannie de la Bêtise trépidante et
vociférante. Il paraîtrait que M. Frédéric Masson a
recommencé des siennes, dans *le Gaulois* cette fois.
Il y a quatre ou cinq mois, il aurait terminé un article
fulminant contre les Français wagnériens par ce
verdict : « S'ils sont inconscients, qu'on les enferme ;
s'ils sont conscients, qu'on les fusille. » Si le fait est
exact, comme on me l'assura, il serait temps de procéder à l'examen mental de cet individu. La misère

est que son gâtisme avéré ne tranche nullement sur le ton des journaux où s'imprime sa prose. Certains de nos grands quotidiens sembleraient souvent rédigés à la Salpêtrière ou aux Petits-Ménages. Ainsi qu'on l'a pu voir par les extraits qu'en a cités le *Mercure*, la presse italienne a relevé cet état lamentable de la nôtre, ce marais d'ignorance, de fanfaronnade, d'enfantillage ou de sénilité où pataugent nos folliculaires agités. On voulait espérer quelque lassitude à la longue dans cet entêtement à ridiculiser le peuple « le plus spirituel de la terre », dans cet affolement de matamores ou de mouches du coche, qui contraste si indécemment avec le sang-froid de notre population et la vaillance simple et résolue de nos soldats. Mais, si cet affolement n'est, en réalité, que superficiel et factice, il semble que la contagion s'en répande chez la plupart des gens en vue. Parmi ceux qui écrivent ou s'expriment publiquement, il en est peu qui ne revêtent *ipso facto*, inconsciemment peut-être, une attitude, qui ne versent dans une emphase empoulée dont la surenchère fatale aboutit à d'étranges aberrations. On en eut récemment une preuve nouvelle.

Depuis août 1914, les revues musicales ont suspendu leur publication. Trois non mobilisés, MM. Charles Hayet, Francis Casadesus et Ernest Brodier, ont eu l'idée d'en fonder une dans le but de « constituer un document historique du mouvement

de l'art musical, des travaux, projets des compositeurs, artistes, directeurs de scènes lyriques et de
concerts symphoniques » durant les hostilités. Rien
de plus licite, assurément, que de telles préoccupa-
tions. On pourrait même les souhaiter plus larges et
d'une ambition plus haute. Elles ne seraient point
superflues. Les premiers numéros de *la Musique
pendant la Guerre* relataient quelques interviews ou
correspondances qui projettent des clartés plutôt
troublantes sur la mentalité actuelle de maints compositeurs. M. Paul Dukas est à peu près le seul qui
montra, dans la circonstance, pondération, bon sens
et dignité. M. Saint-Saëns reçut les interrogateurs à
la manière d'un hérisson roulé en boule. Il leur
conseilla vertement de renoncer à leur dessein, d'envoyer leur argent pour les blessés et « d'écrire dans
les grands journaux ». Et il leur fit la déclaration que
voici :

J'ai refusé d'écrire le ballet que je m'étais engagé à
donner à Monte-Carlo. Je ne puis chanter lorsque la
France souffre. Pour moi, la France avant tout, la musique ensuite, et si, pour qu'elle sorte immédiatement
victorieuse de cette horrible guerre, il suffisait que je
m'engage à ne jamais écrire une note de ma vie, je bri-
serais ma plume avec joie.

Il est malheureusement trop probable que la victoire nous coûtera des sacrifices plus cruels que celui

de la plume de M. Saint-Saëns. La charité invite à ne point insister : passons. M. Gustave Charpentier, « Membre de l'Institut », lui aussi, s'effara tout d'abord : « Travailler, dites-vous, composer, bâtir une œuvre nouvelle ?... J'avoue n'avoir pas songé une minute à faire de la musique. » Il est vrai que cela ne le change pas beaucoup d'avant la guerre. Et M. Charpentier bifurqua tout de go dans le panégyrique de... *Mimi Pinson*, laquelle « n'a jamais été aussi heureuse de savoir chanter », car « ses chansons font baisser la température des typhiques ». A la vérité, elle les chante « après le bain du soir des malades ». M. Messager, quoique avec plus de flegme, n'en renonce pas moins pareillement à son art : « Le temps n'est pas propice au travail. La pensée est ailleurs. Il y a trop de douleurs autour de nous. » Le spectacle en devint sans doute insupportable à M. Messager, car l'interviewer nous apprend que, depuis cette conversation, « il s'est embarqué pour l'Amérique ». Quant à M. André Gédalge, il fut épique :

Je ne pense à aucune musique. Nuit et jour, depuis un an, j'entends à l'horizon gronder la bataille. Si j'étais en état de penser à autre chose qu'à ceux qui, plus heureux que moi, sont dans la fournaise, je voudrais écrire *la Marseillaise*. Malheureusement pour moi, elle a été déjà écrite : en tout cas, comme musique, je n'entends, je n'écris, je ne comprends qu'elle.

Zimbadaboum ! Et allez donc ! On augure pourtant que M. Gédalge continue à dormir dans son lit, à déjeuner et à dîner dans des assiettes, et peut-être à fumer sa pipe après le pousse-café. On aimerait à contempler sa mine si, commandant une entrecôte aux pommes à sa cuisinière, celle-ci lui répliquait tout net : « Moi, Monsieur, en fait de cuisine, je ne comprends que le rata servi dans des gamelles. » L'héroïsme est à bon marché alors qu'il ne s'agit que d'aligner des phrases redondantes, tout en restant plus ou moins le dos au feu et le ventre à table, en vaquant par ailleurs à ses occupations ordinaires. Et nul de ces Messieurs n'a garde d'en omettre aucune, on peut en être sûr, sauf précisément celle à quoi les convierait plausiblement, sinon peut-être leur génie, du moins leur situation. Il semble qu'ils aient honte d'être, à tout le moins par profession, des artistes. Ils ont peut-être lu naguère ce *proprio motu* de M. Edmond Haraucourt dans *le Journal* :

En ce temps-ci, il n'y a plus d'artistes, sinon parmi les bons tireurs... Notre production est un luxe de paix, et la France est en guerre ; nous étions somptuaires, et, de ce fait, notre mission est suspendue, notre rôle annulé, notre maîtrise surannée... *Faites n'importe quoi, excepté de l'art.* Il n'y a pas de sots métiers, il n'y en a jamais eu, et il y en a moins que jamais... Foin de nos vanités, mais ayons l'orgueil de nous rendre utilisables ! Je vous jure que je balaierais les rues, si on m'y invitait, et sans dépit, sans dégoût, sans révolte, sans regret, fier de ramasser le balai qu'un gars a laissé là pour descendre dans la tranchée. Si on me réquisitionnait pour décharger des camions ou brouetter du fer, je sens que j'en pleurerais de joie...

« Qui veut faire l'ange fait la bête », opinait un « Français de France » qui s'appelait Blaise Pascal. On n'eut jamais tant d'occasions de s'en convaincre. Cependant M. Haraucourt n'a pas tout à fait tort : « si on le réquisitionnait », il n'aurait qu'à obéir tranquillement — ou même en « pleurant de joie », s'il le préfère. Au surplus, qui l'empêche, s'il en a tant envie, de s'embaucher parmi les braves fonctionnaires municipaux qui expédient tous les matins la toilette des rues et ruisseaux de notre capitale sans en être plus « fiers » pour ça ? Il ne lui était pas impossible non plus, si sa santé le lui permet, de se procurer le prétexte de verser de si douces larmes. Il n'avait qu'à s'engager, comme d'autres, dont un de nos plus grands musiciens, d'âge territorial, réformé pour « défaut de poids » et trois fois refusé aux révisions successives, qui finit par se faire pistonner pour... être pris, et y réussit (¹). Sans se servir de

---

(¹) Le musicien dont il s'agit est M. Maurice Ravel, qui depuis récolta à Verdun les motifs d'une opération chirurgicale et ensuite d'une réforme temporaire pour soigner son poumon droit.

son mouchoir autrement que pour se moucher, il a
réalisé le rêve de M. Haraucourt, et conduit aujour-
d'hui un camion automobile transportant munitions
et explosifs, poste qu'un récent accident révéla
n'être pas sans danger. L'artiste ici, silencieusement,
a choisi ce qu'il estimait son devoir, et sa décision
emporte le respect. Mais ceux qu'on ne « réquisi-
tionne » pas et qui, pour des raisons à priori légitimes,
ne se réquisitionnent pas eux-mêmes, n'auraient-ils
point d'autre devoir, s'ils sont artistes, que de
s'épandre en déclamations boursouflées, en écœu-
rantes jérémiades ?

M. Haraucourt n'est pas encore de l'Académie.
S'il n'y a pas là qu'un oubli, c'est une iniquité inqua-
lifiable. Mais il en sera, c'est certain. Aussi est-on un
peu ébouriffé de le voir lancer des décrets sur les
choses de l'art. Aussi, par contre, ne se sent-on guère
étonné de la conception qu'il s'en fait. L'art, à son
avis, est « somptuaire » ; il serait un produit « de luxe »,
sorte de bibelot de la foire aux « vanités ». C'est un
signe des temps qu'une opinion semblable puisse
être proclamée sans vergogne par quelqu'un tenant
une plume. Nous vivons depuis un demi-siècle dans
une ère de mercantilisme avide et dément qui, au
rebours de ce que voulait Stuart Mill, au lieu de
« subordonner la production à l'homme », subordonne
l'homme à la production, et dont l'arrogante sottise
en impose au vulgaire par la monstruosité de ses

résultats matériels. Et cette folie d'affaires, laquelle, au fond, est la cause initiale du cataclysme où se débat le monde civilisé, en même temps qu'avili l'être humain, semble avoir ravalé peu à peu tout idéal à sa mesure. On parle couramment de retour à « l'état normal », mais en n'entendant par là que l'économique, celui de l'industrie et du commerce, et en en excluant quasi-naturellement, et même avec affectation, ce qui, selon Chateaubriand, constitue le brevet d'immortalité de l'homme et le distingue des autres créatures. Parce qu'un hystérique avarié, un dégénéré simiesque, un macrobien macabre, une bande de junkers, de reîtres, d'agrariens, d'armateurs et de trafiquants accapareurs ont déchaîné cette guerre européenne fratricide où les peuples dépositaires de la culture et de la civilisation humaines s'entretuent, il faudrait que l'expression suprême de toute culture et civilisation, l'art, se cachât honteusement, tandis que désormais la raison sociale de la France serait « Potin, Paquin, Dufayel et les Successeurs de Chauchard ». Et on brode ce thème inconscient de divagations d'énervés.

Trève de niaiseries tout de même! De ceux qui ne sont pas au front ou employés à la défense, chacun à sa place, sans doute, et à sa tâche pertinente. Est-il si difficile à M. Gédalge de faire tout bonnement son cours de contrepoint et de fugue au Conservatoire aussi « normalement » que sa servante lui confec-

tionne son souper ? Que M. Charpentier mimipin-
sonne, que M. Haraucourt balaie, s'il leur plaît. Que
M. Messager s'en aille en Amérique, M. Saint-Saëns
aux Canaries et M. Masson à la douche. L'industriel
à son usine et le marchand à son comptoir, c'est entendu. Mais l'artiste, où et quand que ce soit, sert
son pays à sa manière, et qui est la plus noble de
toutes. Il ne faut pas laisser dire que l'art est un objet
de « luxe », un divertissement « vaniteux ». L'art est
la plus haute fonction humaine, la faculté propre de
l'homme, celle qui n'appartient qu'à lui, et dont,
loin de rougir jamais, il doit être orgueilleux de ressentir en soi la force incoercible et l'exercice im-
prescriptible. Ce serait un bien pauvre artiste que
celui qui pourrait, ainsi qu'on ouvre ou ferme un
robinet, régler le flot de son inspiration au gré des
contingences, et c'est un piètre sire celui que celles-ci,
si terribles soient-elles, sont capables d'affoler comme
un enfant, de paralyser comme un malade ou de
démoraliser comme un lâche.

Il y a deux mille cinq cents ans, sévit durant vingt-
sept années une autre guerre fratricide, guerre atroce
entre toutes, elle aussi, où les vaincus étaient égorgés
ou faits esclaves, et qui faillit anéantir Athènes. C'est
pendant cette guerre du Péloponèse que Sophocle, y
compris *Œdipe Roi*, produisit tous les deux ans jusqu'à sa mort une trilogie accompagnée parfois d'un
drame satyrique ; que se place, sauf *Alceste* et *Médée*,

l'œuvre entier d'Euripide, à côté des deux tiers au moins de celui d'Aristophane. Et de cette lutte barbare pour une hégémonie économique et politique, que subsiste-t-il aujourd'hui, en dehors d'un fatras de dates où s'embrouillent les gosses à l'école ? Il ne reste que de radieux chefs-d'œuvre, en apparence indifférents, et qui nimbent à tout jamais le nom d'Athènes disparue d'une gloire intangible.

Dans le patrimoine d'un peuple, combien de ses victoires pèsent autant que ses chefs-d'œuvre ? Bien peu, et celles-là seulement, comme sera la nôtre, qui, en sauvegardant le génie de sa race, ont garanti précisément l'existence de ces chefs-d'œuvre. Mais que valent Azincourt et Trafalgar auprès de *Macbeth* et d'*Hamlet*, Rosbach et Sedan auprès de *Faust* et de *Tristan*, Iéna, Wagram et Austerlitz auprès de *Pantagruel*, de *Candide* et de *la Chartreuse de Parme* ? Qu'importe à l'heure qu'il est, auprès d'un tableau du Titien, tout le commerce de Venise, sa domination sur les mers et l'or qu'elle entassa jadis ? L'artiste qui crée son œuvre travaille avant tout autre au salut de sa patrie dans les siècles, car à son immortalité. Qu'il n'en abdique pas l'orgueil. « La beauté est une si grande et si auguste chose que des siècles de barbarie ne peuvent l'effacer à ce point qu'il n'en reste des vestiges adorables », a dit notre Anatole France. Mais la beauté fait mieux encore. La barbarie ne prévaudra jamais contre elle. C'est elle qui en efface les vestiges, qui en annule les stigmates et l'opprobre, qui en raie jusqu'au souvenir : elle seule en absout l'humanité.

Janvier 1916.

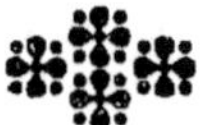

VI

RÉOUVERTURE DE L'OPÉRA

UN événement s'est produit dans notre vie musicale : notre Opéra a rouvert ses portes. A vrai dire, entrebâillé serait plus exact, car il ne s'est risqué qu'à deux spectacles par semaine, le jeudi et le dimanche après-midi. Cette circonspection a probablement d'autres causes que celle que suggère une notice qui débute en ces termes :

Un trop grand nombre de familles françaises sont menacées ou frappées dans leurs plus chères affections pour que l'Académie Nationale de Musique et de Danse puisse recommencer encore ses représentations du soir. C'est à des jours moins troublés que nous remettons le soin de décider la date de notre réouverture. Dès maintenant cependant, il nous a semblé qu'un effort devait être tenté pour améliorer la situation des artistes privés

du contact avec le public qui leur est nécessaire, pour
ajouter une preuve à toutes celles que la France a déjà
données de son énergie réparatrice et de sa confiance,
enfin pour rendre au public et particulièrement à la
jeunesse des spectacles qui ont leur valeur éducatrice
comme ils ont leur beauté.

Or, en jetant les yeux sur les colonnes d'affiches ou
sur un quelconque journal, on peut observer que
plus de trente établissements donnent en ce moment
des « représentations du soir » n'ayant, pour la plupart, pas la moindre « valeur éducatrice » et même en
présentant parfois tout le contraire. La guerre a surpris notre Opéra en pleine crise, et on ne saurait méconnaître les difficultés d'une exploitation régulière
de cet onéreux monument dans les temps où nous
sommes. Il semble néanmoins que sa nouvelle direction n'ait pas reçu des pouvoirs publics les encoura-
gements ou concours auxquels son rôle « éducateur »
éventuel donnait droit à notre première scène lyrique.
On contait même à ce propos que M. Viviani écon-
duisait naguère ceux qui voulaient l'entretenir de
notre Opéra National avec une énergie toute water-
looenne. Mais peut-être fut-ce une légende, comme
l'autre. Et d'ailleurs c'était sous le pontificat de
Pie X. Cependant, à Berlin, l'Opéra Royal et l'Opéra
Allemand n'ont pas un seul instant cessé leurs
« représentations du soir », lesquelles, du 21 au
29 novembre dernier, comportaient *Fidelio, Lohen-*

grin, les Contes d'Hoffmann, les Maîtres-Chanteurs, Mona Lisa, Tristan et Isolde, le Trouvère, Carmen, Mignon, Parsifal, Tannhaeuser, les Noces de Figaro, Martha, tandis que, m'écrit-on de Suisse, à Vienne on joue du Debussy, du Massenet, *Lakmé, Carmen* et *Faust.* Chez nous-mêmes, quoique à la vérité avec une affiche indigente, notre Opéra-Comique a presque réussi un « retour à l'état normal ». Seule, notre Académie Nationale de Musique et de Danse en est réduite aux expédients. Pourtant, la susdite notice énumère une troupe très suffisante, au demeurant, à l'exécution du répertoire, et surtout à une heure où on est prêt à toutes indulgences. On pouvait craindre, à priori, parmi l'élément masculin des choristes, des lacunes irrémédiables dues à la mobilisation. En inscrivant sur ses programmes le second acte de *Guillaume Tell,* presque entièrement composé de chœurs d'hommes, notre Opéra en a démenti l'hypothèse. Resterait la plausible pénurie de machinistes. Mais était-il impossible, en dix-huit mois, d'en rassembler et exercer le nombre réclamé par les dimensions du local ? Une telle situation serait une énigme, si notre Opéra disposait vraiment d'un répertoire capable de lui garantir des recettes corrélatives aux frais inhérents autant à son organisation qu'à l'édifice où le logea la facétie d'un mégalomane architecte. Malheureusement, en y interdisant Wagner, la campagne envieuse et stupide de

MM. Saint-Saëns et Masson n'a pas seulement privé le public français de chefs-d'œuvre de la plus haute « valeur éducatrice », elle a enlevé à notre Opéra ses moyens d'existence aussi bien plus tard qu'aujourd'hui. Depuis plusieurs années déjà, l'expérience l'a démontré au guichet de la buraliste : alors que *Faust* même y décline, les seuls ouvrages wagnériens y atteignent ou frisent le maximum où trône imperturbablement *Salomé*. Et il en sera ainsi tant que les musiciens alliés n'auront pas fourni au théâtre des œuvres d'une beauté comparable ou d'un intérêt et d'une puissance analogues.

Cela arrivera peut-être quelque jour ; on a bien des raisons de l'espérer, à tout le moins chez nous et chez les Russes. Mais, en attendant, le pas est difficile, et on conçoit l'embarras de M. Jacques Rouché. Lui aussi espère, au surplus. Il annonce « de l'inédit » promis par « tous nos compositeurs notoires », et c'est parfait. Toutefois, l'inédit s'avéra généralement dangereux à notre Opéra. Il est de fait que le seul qui ait bravé impunément l'acoustique et les autres inconvénients du lieu fut celui de Wagner et de Richard Strauss. Encore cet inédit était-il plutôt de l'injoué, puisque préalablement publié en partitions et connu des mélomanes. Pour hasarder au théâtre lyrique, et surtout à notre Opéra, les aléas qu'implique l'inédit, il faut un fond de répertoire constitué de chefs-d'œuvre consacrés ou d'ouvrages assurés du succès, et désormais, bon ou mal gré qu'on en ait, chez nous comme dans le monde entier ce fond est l'œuvre de Wagner. Si on n'y revient pas bientôt après la guerre, il serait vain de le vouloir dissimuler, notre Opéra désemparé serait rapidement acculé à la faillite.

Les matinées si intelligemment organisées par M. Jacques Rouché le prouvent, bien involontairement sans doute. Parmi tous ces ouvrages, dont on egrène des fragments, combien seraient supportables aujourd'hui dans leur intégrité ? Bien peu, sinon incidemment, ménagés avec précaution, mais incapables, dans l'ensemble, de former un répertoire courant rémunérateur. Et c'est assez compréhensible. Le spectateur qui paie son billet au théâtre veut recevoir quelque chose en échange, et ce quelque chose, à l'Opéra, précisément depuis Wagner, est dorénavant de plus en plus « de la musique ». D'autre part, on ne lutte pas contre les faits, on n'annihile pas une évolution sensorielle. Les oreilles et les sensibilités accoutumées aux harmonies modernes ne peuvent guère ne point éprouver d'instinct quelque inconsciente déception en présence d'un art suranné. D'un passé même assez proche encore, seules les créations du génie résistent à l'épreuve, et, outre que toujours elles ont été rares, à mesure qu'on s'éloigne du présent elles exigent le plus fréquemment une culture qui est loin d'être générale. Elles s'adres-

sent à une élite qui ne saurait évidemment suppléer
à la multitude au point de vue pécuniaire. Certes,
Richard Wagner a compliqué le métier de directeur
d'Opéra. En y installant, avec la symphonie, la musique intégrale, en y révélant, par surcroît, un art
aussi brûlant d'ivresse dionysiaque que radieux de
beauté apollinienne, il affina la réceptivité de cette
multitude émue et exaltée qui, pour s'être abreuvée
d'ambroisie à la coupe du dieu, regimbe à la piquette
et, en dépit d'un rubescent cachet, boude même au
bon ordinaire. M. Pedro Gailhard avait décidément
raison : depuis Wagner, il y a un tas de musique
qu'on ne pourra plus jamais jouer à l'Opéra. Et, si
on n'y joue plus la sienne, le cas deviendra vite assez
scabreux. M. Jacques Rouché a tourné pour l'instant l'écueil avec adresse. En face d'un « abonne-
ment » sans doute en désarroi, il invita chez lui la
foule en abaissant notablement le prix des places ;
et la foule afflua, ravie de l'aubaine impromptue.
Dépouillé du plus sûr de son répertoire, M. Rouché
traita ce peuple souverain en Majesté congrue, en
lui offrant des spectacles coupés. Ce genre incohérent est le menu traditionnel des galas protocolaires.
On peut douter qu'il soit idoine à renouveler bien
longtemps des auditoires. Du moins satisfait-il ceux
qui, pour le moment, sont mus principalement par
l'idée « d'aller à l'Opéra ».

Cependant ces représentations disparates ont, à

certains égards, un intérêt singulier, qu'on n'aurait
point imaginé peut-être de l'usage qu'on en fait
d'habitude. C'est, en somme, une exposition qui
devant le spectateur se déroule, une sorte de concours,
où la comparaison est immédiate, et comparaison
dans laquelle ne peut guère intervenir captieusement
l'émotion, selon Gœthe, pathologique, issue proprement du drame, duquel on ne perçoit qu'un lambeau,
qu'un tronçon isolé de l'intrigue. L'attention dis-
persée laisse l'esprit plus froid, plus libre de juger,
de confronter les manières différentes d'exprimer des
sentiments humains rendus ainsi plus ou moins
généraux, anonymes, et, si l'émoi survient, plus apte
à en démêler la source véritable. C'est ainsi qu'on put
constater à quel ahurissant degré d'inanité calami-
teuse se hissa sans effort l'*Hamlet* de feu Ambroise
Thomas ; la platitude ou la vulgarité de l'inspiration
que M. Saint-Saëns répartit par-dessous la jambe
dans les airs de ballet d'*Etienne Marcel* ; la vétusté de
la musique autant que des décors de *Samson* ; l'analogie frappante entre le quatuor d'*Henri VIII* et
celui de *Rigoletto,* sans que l'habileté d'écriture que
déploya dans le premier un polyphoniste émérite
entre tous sût l'emporter sur la spontanéité fruste et
ingénue du fougueux maestro piémontais ; l'embarras, en revanche, de Verdi, aux prises dans *Aïda*
avec le format étranger et la pomposité de notre
« grand opéra en cinq actes », et la disgrâce qu'en

subit son ingénuité naturelle au profit d'une emphase à panache ou d'une mièvrerie entortillée ; la touchante sincérité du berliozo-gluckiste et bénévolent romantisme de *Sigurd* ; la longueur incontinente et la puérilité des récitatifs de *Guillaume Tell*, ce chef-d'œuvre inégal du génial Rossini et le plus inégal des chefs-d'œuvre. Ces extraits promenaient l'auditeur à bien peu près d'un bout à l'autre du dernier siècle. On n'eût peut-être pas prévu jusqu'à quel point, nonobstant M. Saint-Saëns encore en vie, la revue apparut rétrospective ; quel aspect de musée des antiques revêtait invinciblement cette collection d'ouvrages jadis applaudis et célèbres ; combien, dans son application, sinon dans son principe, cet art de « l'opéra » s'atteste loin de nous, périmé, désormais « historique ».

C'est d'ailleurs son histoire que M. Jacques Rouché se propose de retracer, en nous faisant remonter, et de la plus attrayante façon, jusqu'à ses origines, dans une série de tableaux spécimens dont le but est de résumer, « sous le prétexte d'une fête ou d'un concert, ce que la musique de théâtre a produit de plus remarquable » à telle ou telle époque de son évolution. L'innovation est fort ingénieuse et permit à M. Rouché d'inaugurer dans son nouveau domaine ces spectacles d'un goût fastueux et sûr qui établirent la renommée du Théâtre des Arts. *Mademoiselle de Nantes* fut ainsi la reconstitution d'un divertissement dédié aux enfants de Mme de Montespan vers 1686. Rien de plus délicieux au regard, vraiment, que cette résurrection à la fois artificielle et authentique, où la plus vétilleuse érudition ne pourrait chicaner peut-être que la métamorphose des chanteurs et chanteuses en ducs et en duchesses à tabouret. M. Staats évidemment n'a pas lu Saint-Simon. Mais il n'était guère possible, non plus, de laisser MM^{mes} Hatto, Gills, Kubler et Bugg, MM. Plamondon, Gresse et Narçon debout pendant une demi-heure, fût-ce devant l'effigie de princes ou princesses du sang légitimés. Trop de politesse aussi peut-être, excès de révérences de la part de ceux-ci dont l'orgueil, qui n'était pas mince, tétait dès le berceau l'ombrageuse étiquette avec le biberon ou la nourrice. La musique de ce divertissement provenait naturellement surtout de Lully, le potentat d'alors en l'espèce, et on y pouvait suivre à la trace, en même temps que l'évolution des styles du musicien, la cristallisation graduelle de ce que l'histoire impartiale baptisa « l'opéra français », — quoique sa norme définitive ait été l'œuvre d'un étranger, — et duquel on se sentait bientôt réjoui jusques au fond du cœur de ne devoir ouïr que des fragments. On y voit la nature de l'Italien Lully, d'abord primesautière, alerte, gaie, volontiers bouffonne, se guinder peu à peu en chaussant le cothurne pour aboutir au complexe bâtard et transitoire de la « Tragédie mise en mu-

sique », dont l'indéniable génie de Rameau même
ne parvint qu'un instant et qu'à peine à galvaniser
la torpeur. Encore que, dans ses comédies-ballets,
Lully n'ait pas manqué de verdeur mélodique, son
art, où que ce soit, est foncièrement monotone.
Son harmonie, pauvre, banale, fut, même en son
temps, tardigrade. Ses danses, où gît le meilleur de
sa verve, lassent vite par les lieux-communs de
rythmes, cadences et modulations stéréotypés.
Ailleurs, l'ennui trop souvent est mortel. Il est curieux de relever que cette prime formule de « l'opéra
français » mit d'emblée insciemment en pratique le
système de dramaturgie lyrique édifié par le « théo-
ricien » Wagner, mais que son génie de « musicien »
empêcha celui-ci de réaliser par bonheur. Ici, la
musique est vraiment « la servante du drame » et
même sa bonne à tout faire. C'est lui seul qui com-
mande et importe dans cette « Tragédie mise en
musique » dont les discours oiseux, rimaillés par
Quinault en vers langoureux les plus fades qu'on ait
mirlitonnés sous cet emperruqué « Grand Siècle »,
se traduisent en récitatifs ou ariosos grandiloquents
d'une fastidiosité suprêmissime. Le lyrisme est incompatible avec cette déclamation tout *oratoire*,
empruntée à la Champmeslé, où la ligne mélodique
se subordonne servilement au syllabisme et aux
accents de la parole. Dans cet art, en réalité, il y a
fort peu de musique et, avec Lully, de la moins

captivante : partant, nulle émotion possiblement durable, et la « science » même de Rameau n'y put rien.

Il suffit aux Bouffons italiens de paraître, apportant le lyrisme purement musical de leur mélodie polyvalente, pour faire chanceler sur ses bases le mastodonte solennel qui devait s'effondrer sous le génie de Gluck. Chez ceux-ci, le rapport était renversé. La musique était souveraine, exprimant en son autonomie spécifique l'essence humaine des sentiments dont la farce ou le drame ne fournissaient que le prétexte, et le plaisir joyeux ou l'émotion en semblaient gicler tout de go comme une eau vive. Car c'est la musique avant tout, et jusqu'en sa naïveté même, qui engendre l'unique émotion dont le théâtre lyrique est capable. Et on s'en convainquit à l'Opéra. *Mademoiselle de Nantes* était un enchantement pour les yeux, mais ne fut surtout qu'un spectacle. *Guillaume Tell*, par contre, ne jouissait que d'un décor usé, d'une mise en scène dont le toulousain pompiérisme reportait à quinze ans en arrière, de l'ankylose ou de la cocasserie des choristes et du bouc de M. Noté. Et cependant, dans ces chœurs galvaudés, d'inspiration si fraîche ou passionnée, dans ces airs savoureux, démodés et candides, la puissance brute de l'harmonie, de la musique toute nue était irrésistible. J'avoue que le fameux *Trio* m'humecta les paupières. En vérité, les matinées de l'Opéra sont pleines d'enseignements. On y cherchait en vain, pourtant, la conclusion du théorème dont les données s'amoncelaient éparses, mais éloquemment unanimes, étalant un passé révolu, et toutes conduisant inéluctablement jusqu'au seuil d'un *c. q f. d.* péremptoire absent, inexprimé, prohibé par un ostracisme imbécile. A son défaut, du moins jusqu'au retour des Français wagnériens qui se battent dans les tranchées, pourquoi M. Rouché ne songerait-il pas à reprendre *Boris Godounoff*, que la déconfiture du Théâtre des Champs-Elysées fit échouer au port ? C'est un chef-d'œuvre dont la beauté possède assurément une « valeur éducatrice » autrement efficace et superbe que celle de la « Tragédie mise en musique » du barbant Florentin Lully.

Février 1916.

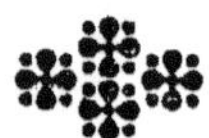

VII

LE CAS BARRÈS

Depuis que le compositeur d'opé as, M. Saint-Saëns, « de l'Institut », saisissant aux cheveux l'affreuse occasion, voulut mettre à profit sans vergogne l'aventure terrible où était entraînée sa patrie pour supprimer la concurrence d'un des plus superbes génies de l'art musical, la question Wagner a fait du chemin chez nous. Notre objectivité instinctive, notre amour du juste et du vrai, notre besoin de loyauté et de logique, cet idéalisme spontané, invincible, par quoi, et à soi seul, notre France entre les nations est immortelle, et qui nous garantit l'honneur quand serait perdu tout le reste, ces qualités natives ou vertus propres n'ont pas failli même à l'heure angoissante : l'accusé de race ennemie a trouvé parmi nous des avocats, le calomnié des défenseurs, et l'artiste génial a gardé ses admirateurs enthousiastes. MM. Paul Souday dans *le Temps*, Georges Pioch dans *les Hommes du jour*, Vincent d'Indy dans *la Renaissance*, Prod'homme dans *la Revue de Hollande*, Victor Snell dans *l'Humanité*, Henry Gauthier-Villars dans *la Suisse*, à Genève, d'autres encore, un peu partout, ont mené vaillamment le noble combat pour la beauté bêtement assaillie par les iconoclastes à bicorne.

Si ces gens étaient capables de comprendre, on pourrait causer avec eux et, s'ils étaient de bonne foi, les convaincre. M. Saint-Saëns se targue d'avoir énoncé le premier cet aphorisme : « Si l'art n'a pas de patrie, les artistes en ont une. » Evidemment, mais pas en tant qu'artistes, du moins au sens où l'entend aujourd'hui le tout récent dédicataire de la photographie de Guillaume II. En dehors de son art, un artiste est un homme comme les autres. Il peut même quelquefois n'être pas très intelligent, tel notre grand Hugo : il peut être un apache à l'instar de Villon, un arriviste avide de réclame et de tantièmes à l'exemple de Gluck et de M. Saint-Saëns en personne. Comme élément et membre enfin d'une communauté nationale, il est naturellement exposé aux préjugés, aux passions souvent injustes et violentes à quoi les individus de peuples différents s'abandonnent aisément les uns contre les autres.

Mais Shakespeare est-il moins Shakespeare pour avoir grossièrement outragé la Pucelle ? Wagner eût pu nous insulter et nous haïr sans cesser d'être le prodigieux génie dont le respect s'impose à nous comme à tout l'univers. Or il ne l'a point fait : ceux qui le prétendent ignorent ce dont ils parlent ou sont des imposteurs. Il eut toujours, bien au contraire, un faible, une attirance à notre égard ; il n'a jamais manqué de nous rendre justice, et même avec chaleur et émotion, chaque fois qu'il en rencontra des prétextes, et il faut bien avouer que, musicalement, ils étaient plutôt rares de son temps. Et Wagner n'en omit aucun. Si certes il nous critiqua, — (dame ! on n'est pas parfaits...) — la citation de M. Ch.-H. Hirsch dans le *Mercure* du 1ᵉʳ janvier démontre que ses jugements sur ses compatriotes n'étaient pas moins cruels que ceux qu'il a parfois portés à notre endroit, et son observation sur « l'absinthe et l'Académie » témoigne assurément d'une perspicacité assez piquante (¹).

(¹) Voici le passage cité par M. Ch.-H. Hirsch, extrait d'une lettre de Wagner à Nietzsche, d'après *la Revue*, qui publia cette correspondance inédite dans ses numéros du 1ᵉʳ et du 15 novembre 1915 : « ...Chaque peuple a en soi un germe servant à sa crétinisation. Chez les Français, nous voyons que l'absinthe achève ce que l'Académie a préparé : surtout nous voyons que les Français tournent en ridicule, comme font les enfants nigauds, tout ce qu'ils ne comprennent pas, ce que l'Académie, à cause de cela, retranche de la culture

Au surplus, tout cela n'a aucune importance. Quoi qu'il ait pu penser sur nous ou sur quiconque, un artiste ne vaut que par son génie spécifique, et, si sa « nationalité », le climat, le passé, la langue, la culture particuliers aux divers groupements ethniques marquent ses productions plus ou moins fortement de leur empreinte, sous ces nuances et jusque sous ces disparates ou contrastes, il y a dans les chefs-d'œuvre du génie un tréfonds essentiel qui appartient à tous, et qui est l'aliment sacré, le pain de vie de l'humanité solidaire. Même aux instants les plus troublants de cette guerre, c'est ce qu'ont éprouvé jusqu'au fond de leur âme ceux que la manne wagnérienne avait nourris et confortés de beauté rédemptrice. On s'aperçut bientôt d'ailleurs que, sauf M. Saint-Saëns, dont les mobiles sont d'ordre le plus vil, tous ces contempteurs de Wagner, bâtisseurs de muraille de Chine, étaient, non pas seulement des niais pour la plupart, mais des crânes aussi fermés à la musique que Socrate, M. Thiers,

---

nationale. Mais notre philosophie n'a pas encore le pouvoir de l'Académie, et notre bière n'est pas aussi dangereuse que l'absinthe. Aussi, interviennent d'autres qualités, propres à l'Allemand, telles que sa jalousie et la perfidie qui en dérive, le besoin de souiller de bave ce qu'il envie ; à cela se rattache une insincérité d'autant plus désastreuse que le temps lui a conféré l'apparence de la loyauté, et ces poisons sont suffisamment graves pour remplacer ceux que nous n'avons pas. »

Edouard VII ou Leconte de l'Isle. Et, des tranchées
de première ligne aux dépôts, s'éleva et fonça sur
ces baudets un Haro ! formidable, ratifiant cet avis
de M. Vidal interviewé : « Tous les poilus musiciens
sont wagnériens. » Parbleu ! Sans ça ils ne seraient
pas musiciens.

Aussi les lettres indignées ont-elles plu soudain
du front comme une averse. J'en sais une, dont on
m'envoya la copie, adressée à M. Saint-Saëns, qu'il
pourra conserver dans ses papiers de famille (1). En revanche, un médaillé militaire écrit à Gauthier-Villars :
« Comment, ces vieux gardes nationaux tenteraient,
leur colichemarde académique au poing, d'interdire
à l'Art la route de France ? Allons donc ! » Et celle-ci
qui me parvient à l'instant, après tant d'autres, d'un
sergent nanti de la croix de guerre, lequel, au nom
d'un groupe de co-décorés, affirme leur volonté de
réclamer, au retour, « la reprise des représentations
wagnériennes », et regrette, « lors de sa dernière permission, de n'avoir pu entendre *Siegfried* dont il se
fredonnait les motifs sous les obus ». Et, tous, nous
en avons reçu d'analogues, venant d'amis ou d'inconnus, de tous grades ou sans nul galon, criant leur
joie, leur « soulagement » à nos protestations véhé-
mentes, ou disant leur colère, leur honte, leur « souf-

---

(1) Il y était question, entre autres choses, d'une fable
de La Fontaine intitulée : *La grenouille qui veut se faire
aussi grosse que le bœuf.*

france » de ce qui s'imprime à Paris dans certaines feuilles. Ah ! les philistins d'Institut n'ont pas une bonne presse, là-bas, sous les marmites ! Bref, la question semblait réglée. Déjà les concerts affichaient, non seulement Bach, Haendel, Beethoven, Mozart, Gluck, mais même aussi Schumann excommunié par M. Saint-Saëns. Les non mobilisés patientaient confiants et calmes : ce seraient les combattants eux-mêmes qui viendraient exiger Wagner après la victoire.

C'est ce moment que M. Barrès a choisi pour diffamer, de la façon la plus odieuse et la plus lâche, des milliers de Français, — dont beaucoup, depuis dix-huit mois, donnent leur vie pour la mère-patrie, — parce qu'ils ont magnifié la beauté éternelle dans les chefs-d'œuvre d'un des plus grands génies d'artiste qu'ait jamais engendrés la race humaine. Dans une « Enquête », d'ailleurs idiote, publiée par *le Correspondant* du 25 décembre dernier, il osa déclarer ce qui suit :

Il est clair que certains ouvriers français, en adoptant le marxisme, certains amateurs en se livrant aux rêves wagnériens, d'autres curieux en applaudissant les délires de Nietzsche *ont trahi la cause de la France.*

Il n'est pas défendu d'être un crétin, puisque c'est un état de naissance ; mais vraiment les Tartufes de « l'union sacrée » exagèrent. Le premier mouvement, le réflexe, serait le geste brutal. Mais il est bien plus drôle de mettre à M. Barrès le nez dans son K. K. Dans *l'Humanité* du 11 janvier, M. Victor Snell, qui est un délicat lettré et un fureteur, a fourni tout ce qu'il faut pour le faire. Avant de devenir un pisseur de copie charlatanesque, M. Barrès fut jadis un captieux joueur de flûte. Mais, comme il modula toujours pour ne rien dire, uniquement pour épater la galerie et vendre des volumes à 3,50 en flattant et en exploitant le snobisme, on n'est pas étonné qu'il ait perdu le souvenir de ses vieilles roulades de virtuose sceptique et roublard. Ce qu'on écrit sans conviction sincère ne reste guère en la mémoire. M. Barrès, qui accuse aujourd'hui — et dans un tel moment — les Français wagnériens de *trahison*, fut lui-même wagnérien quand c'était la mode. Il le fut — et comment !

Par deux fois, M. Maurice Barrès fit le pèlerinage de Bayreuth ; en 1891, avec Madame, en 1892 isolément, ainsi qu'on le peut contrôler sur la liste des visiteurs publiée par M. Albert Lavignac (¹). Et, comme M. Barrès ne voyage jamais inutilement, le résultat de ces déplacements fut un chapitre nécessaire pour compléter un volume à 3 fr. 50 intitulé, avec une simplicité bien française, *Du Sang, de la*

(¹) A. LAVIGNAC, *Le Voyage artistique à Bayreuth*, pp. 557 et 561.

Volupté et de la Mort. Et voici ce qu'on lit dans ce chapitre, cité par M. Snell, qui s'appelle : *Le Regard sur la Prairie* et est daté : *Août* 1892.

> *Dans cet héroïque Parsifal, ce qui nous forçait à pleurer, ce n'est point la souffrance d'Amfortas, son cri et ses mains amaigries dont il presse la plaie de son pauvre cœur d'homme. Ce n'est pas non plus l'ardeur de Gundry...*

Nous en étions tout haletants.

Tellement haletants que voici comment M. Barrès résume cette scène de Kundry :

> *Traits sublimes qui nous faisaient* pâlir de plaisir, *mais à l'orchestre, aux héros, au poète, nous disions :* « *Prodiguez*, enfoncez votre génie plus avant dans notre cœur. *Nous sommes capables de supporter encore.* »
>
> *Alors ce fut notre limite ; Kundry, remontant au fond de la scène, s'accouda sur la barrière et, sans parler, contempla la prairie. Immortelle minute, bénéfice qui ne saurait se perdre, point suprême où se dissipe tout notre émoi voluptueux pour que nous soyons exténués de sublime !*
>
> *Wagner rejette tous les vêtements, toutes les formules dont l'homme civilisé est recouvert, alourdi, déformé. Il réclame le bel être humain en qui la vie était une sève puissante. Ah ! la vie, elle emportait alors chacun vers sa perfection !*
>
> *Le philosophe de Bayreuth glorifie l'impulsion naturelle, la force qui nous fait agir avant même que nous l'ayons critiquée. Il exalte la fière créature supérieure à*

toutes les formules, ne se pliant sur aucune, mais prenant sa loi en soi-même.

Par son sacrifice, Socrate promulgue les lois de la Cité, Jésus la loi de Dieu, l'amour. Que fondent Kundry, Tannhaeuser, Tristan, héros déchirants de Wagner ? Les lois de l'Individu...

Wagner ne permit jamais à son être intérieur de se détourner de sa destinée. Pour rester fidèle à celle-ci, il sacrifia tout désir des jouissances immédiates; car il ne pouvait les acquérir qu'en soumettant ses facultés essentielles, ses instincts d'art à des exigences déformantes : au goût du public, au sentiment du plus grand nombre... Et il eut cette noblesse (à l'encontre d'Amfortas), de ne point accepter une diminution de son idéal ; sa vie en eût été empoisonnée de souffrance.

Pages du Phédon, *récit du* Jardin des Oliviers, *qui ordonnez à l'homme de s'incliner devant les lois de la Cité, ou bien encore d'accepter la volonté divine, vous êtes les points de ralliement de l'élite humaine. Admettez sur votre sommet l'Enchantement du Vendredi-Saint.*

ALLONS A WAHNFRIED, SUR LA TOMBE DE WAGNER, honorer les pressentiments d'une ETHIQUE nouvelle.

Voilà ce que M. Barrès, dénonciateur actuel des « traîtres » wagnériens, imprimait en 1892.

Par ailleurs, au même propos, dans *Paris-Midi* du 12 janvier, M. Souday fit remarquer que M. Barrès « étudiait autrefois Karl Marx sans aucune animosité », et que, « dans la plaquette intitulée *De Hegel aux Cantines du Nord* » par une note de M. Eugène Nolent, évidemment approuvée, sinon inspirée par l'auteur, *dont M. Nolent fut le secrétaire,* « M. Maurice Barrès, qui dénonce en 1915 les admirateurs de Nietzsche comme des traîtres, acceptait, en 1904, d'être présenté au public comme le Nietzsche français ». Au surplus, voici cette note, qui est, en effet, claire et nette :

L'individualisme doit chercher ailleurs que chez Stirner l'expression raisonnable de sa doctrine ; Nietzsche en Allemagne, *un Homme libre* et *l'Ennemi des Lois* en France, en sont, avec moins d'outrance, des expositions plus parfaites.

Comme on voit, c'est complet, rien n'y manque, et la cabriole présente n'autorise le choix qu'entre une amnésie de gâtisme ou le plus kolossal toupet. Toutefois Karl Marx et Nietzsche ne concernent point ma rubrique. Ce qui s'y rapporte, par contre, et que remarque aussi M. Souday, c'est l'interprétation barrèsienne de ce que cet Auvergnat de Lorraine entendit à Bayreuth. La musique radieuse, et seule géniale en l'occurrence, a résonné autour de ses oreilles comme s'égrèneraient des perles sous des groins. C'est le fatras de schopenhauérisme et de mystagogie teutonissimes, où le dramaturge Wagner s'embourba toujours plus profond avec l'âge, que retient uniquement son onanoiseux égotisme, et qui l'enchante au point d'y découvrir, tout pantelant, le droit canon de sa morale et le statut de sa conscience. « Sur la tombe de Wagner », où nous nous inclinons reconnaissants devant le génie d'un grand artiste, il « honore le promoteur d'une *éthique* nouvelle ».

Certes, M. Souday n'a pas tort en opinant ici pour « de la haute trahison ». Et qui M. Barrès élit-il pour incarner ce qu'en son jargon de fumiste il baptise « les lois de l'Individu » ? Kundry, une hystérique ensorcelée, Tristan, dont l'amour névrosé est l'ivresse d'un philtre magique. On lui passerait Tannhaeuser, l'être éternellement humain, impulsif, tourmenté, « ondoyant et divers », oscillant de Vénus à Marie, et dont les seules « lois » sont ses passions incohérentes. Mais, avec Socrate, Platon et par-dessus le marché Jésus-Christ, la salade est significative. En lisant ce galimatias double, on se convainc que le cerveau qui put en accoucher ne fut jamais des nôtres. M. Barrès devait finir ainsi.

C'est la gloire de notre pays d'avoir été de tout temps stérile en métaphysiciens et pauvre en « psychologues », et de les remplacer par des physiologistes et des logiciens. Le vague, l'arbitraire, l'équivoque ou le nébuleux n'ont jamais été dans nos cordes, et ce fut immuablement d'outre-Rhin que nous en atteignit parfois la contamination heureusement superficielle. Aucun ne sut chez nous en exploiter le germain lymphatisme aussi roublardement.

que M. Maurice Barrès. Son talent spécieux de pondre
élégamment un verbiage ambigu, alambiqué et vide
est cousin de l'amphigouri de la Maréchale de Fer-
vaques, sur lequel l'excellent Altamira confessait
tout penaud : « Il est des jours où je comprends chacun des mots dont elle se sert, mais je ne comprends
pas la phrase tout entière. » Sous sa phraséologie
invertébrée et flasque, la pensée poissonneuse se
dérobe comme une anguille ou glisse entre les doigts
comme un savon mouillé quand on croit la saisir
dans la cuvette où ne trempent que des mots creux
et ne surnagent que des bulles gonflées de vent de
l'Est. Tout cela n'a jamais été que du bluff de snob
arriviste et déjà bourreur de crânes. Rien ne vaut,
d'ailleurs, un exemple. En voici un où c'est moi qui
souligne, car la chose en vaut vraiment la peine :

Le soleil chassait les longueurs de l'horizon quand le
jeune homme releva son front rafraîchi par l'ombre du
temple et le frisson des hymnes. Ces éternelles sacri-
fiées, les mères et les amoureuses, et les blêmes enfants
un peu morts, de qui les pères escomptèrent la vie pour
animer une formule, toutes les victimes des égoïsmes
supérieurs, transverbérées de ces flèches qui sont les
pensées des sages, gisaient sur les parvis du lieu que nous
rêvons.

Cette phrase lapidaire, qui garantit à l'infinie postérité des chats le régal d'une éternité de langues, fut

découpée par M. Victor Snell, à la page 110, de *Sous l'Œil des Barbares* et sertie dans un petit joyau de finesse et d'humour intitulé : *le Jardin de Marrès, par Bérénice.*

Evidemment, le « wagnérien » spécial que fut M. Maurice Barrès « a trahi la France », mais depuis bien longtemps et toujours. Il l'a trahie dans sa pensée limpide, dans sa langue précise et vérace, avant de la trahir dans son intelligence ouverte, dans sa droiture chevaleresque et sa fierté. Il l'a trahie dans tout ce qui est son génie, son âme généreuse et loyale, et nulle trahison ne fut aussi préméditée ni plus complète. Son confrère Frédéric Masson l'a condamné d'avance, et s'en va le livrer sans doute au peloton d'exécution qu'il mérite. On pourrait même en confier le commandement au propre fils de M. Maurice Barrès, que, dès août 1914, il proclamait « donner à la patrie » et qui dut bien se morfondre, en tant que de la classe 1916, d'être resté depuis, et encore presque jusqu'en décembre dernier justement, comme élève officier, près Paris, loin des balles au devant desquelles son papa envoyait éloquemment les autres. Ce serait là un dénouement romain, capable de racheter peut-être le coup de fourberie napolitaine où vient de s'enferrer ce Scapin du Guignol baudochard dont M. Saint-Saëns est le Polichinelle, M. Richepin le Paillasse, M. Donnay le Jocrisse, M. Junius le Calino et

M. Masson la ganache. Que ces noms assemblés font admirablement ! Wagner avait décidément raison : « chaque peuple a chez soi son germe de crétinisation » et, si la part de l'Allemagne, selon lui, est « l'insincérité, la perfidie jalouse », il n'est que trop réel que « l 'Académie chez nous préparait ce que l'absinthe achevait ». On nous a délivrés de l'une. Qu'attendons-nous pour nous débarrasser de l'autre ? Cette institution ridicule nous ridiculisa depuis ses origines. Il semble qu'elle soit en train de vouloir nous déshonorer tout autant que si ses 40 étaient 93.

Mars 1916.

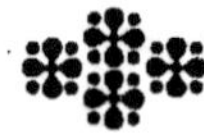

VIII

A L'OPÉRA

Notre Opéra poursuit le cours de ses succès. Il les a même corsés de représentations italiennes dont la fâcheuse grippe ne me permit de savourer que la seconde mouture. Le jour où j'y assistai, le spectacle commençait par le troisième acte de *l'Ouragan*. Dans une récente enquête, — (il en pleut !) — M. Alfred Bruneau se rangea parmi ceux qui approuvent l'ostracisme dont est frappé pour le moment chez nous le plus grand génie musical des temps modernes. Sur quoi, dans *Paris-Midi*, M. Souday opina fort justement que, « si M. Bruneau aim sa propre musique, il ne peut pas aimer celle de Wagner ». Evidemment ; et on s'en convainquit en écoutant ce morceau d'*Ouragan*. Cet ouvrage est pourtant celui qui atteste du musicien le plus sérieux effort. On augure qu'il y voulut donner toute sa mesure, et sans doute y a-t-il réussi. Seulement, la conclusion qui s'en dégage irrécusable est que la musique de M. Bruneau ne possède qu'une unique qualité, à savoir la sincérité. Et, certes, cette sincérité est parfaite, intégrale, impolluée, non seulement de la moindre roublardise, mais même aussi de la plus infinitésimale habileté. M. Bruneau méprise manifestement au maxime degré les oreilles de ses auditeurs ; il dédaigne de les charmer pour si peu que ce soit, fût-ce une demi-minute, et leur intelligence, obsédée de « rappels de motifs » dénués musicalement de tout intérêt, n'est pas moins mal lotie que leur sensibilité lapidée par la rocailleuse avalanche sonore. L'orchestre terne, lourd, encombré, râpeux, semble charrier un limon caillouteux où s'enlisent désespérément les chanteurs égosillés. Tout se déroule dans un vacarme sourd, confus et monotone, déchiré par les cris des palabres déclamatoires où Zola délaya le pompiérisme du plus antédiluvien des mélos. Il est des sincérités cruelles.

Cette exhumation me fit faire une remarque curieuse, touchant l'organe célèbre et toujours applaudi de Mme Delna. Le contraste est si tranché entre le registre grave et le registre aigu de sa voix, qu'on dirait qu'elle en a deux : une voix d'homme et une voix de femme. A l'entendre et la regarder de loin, sans lorgnette, auprès d'un partenaire, on a la complète illusion d'un colloque entre un ténor et un soprano et, quand on s'aperçoit de son erreur, l'effet est assez bien celui de ces pseudo-tyroliennes, que naguère on exécutait sur des « laïtou laïtou lalaire » par des sauts imprévus à l'octave. Cette constatation n'atteint d'ailleurs aucunement l'indiscutable beauté de la voix de la cantatrice, mais tout au plus son homogénéité, et il semble bien que le cas ne serait pas irrémédiable si, nonobstant son rang d'étoile, Mme Delna voulait prendre la peine de travailler assidûment son médium. Quant à M. Delmas, qui opérait à ses côtés, son audition devient vraiment aussi pénible que sa vue. Son jeu continue d'être d'une cocasserie désarmante, et il ne parvient plus à extraire de son gosier qu'une sorte de gargarisme aphone et impitoyablement faux. M. Delmas recueillit jadis au Concert Colonne une bordée de sifflets surabondamment mérités pour les mêmes raisons. A l'Opéra, on est moins difficile, mais peut-être a-t-il tort de n'y point redouter bientôt malaventure pareille. Hans Sachs et Wotan lui ont rapporté de quoi vivre largement de ses rentes. Que ne s'y résout-il enfin ? Il n'est que temps.

Cet exorde fumeux préfaçait la tirade italique. Elle ne fut certes pas banale et inspirait des réflexions assez variées. Pour commencer par de justes compliments, il convient de **reconnaître** et proclamer que

les artistes lyriques italiens jouent incomparablement
mieux que les nôtres, surtout que ceux qu'on trouve
à l'Opéra, et on est bien obligé d'accorder que le
même aveu s'impose à l'égard de la plupart de nos
visiteurs. Qu'on se souvienne de *Boris Godounoff* au
monument Garnier et des représentations italo-teu-
tonnes de M. Henry Russel au théâtre des Champs-
Elysées. Les Allemands eux-mêmes, malgré leur
lourdeur et la gaucherie trop zélée de certaines pro-
tagonistes, nous y donnèrent, en somme, surtout
dans *Parsifal*, d'indéniables leçons de simplicité, et
on rencontre chez nous peu de vedettes capables
d'entrer dans la peau de leur rôle, de le « vivre »,
aussi spontanément que tels choristes russes des deux
sexes que M. de Diaghileff nous amena. Il est de
fait que, sur les planches, nous manquons aisément
de naturel. Dans le drame et la tragédie, nous chaus-
sons d'instinct le cothurne classique et versons insciemment dans la grandiloquence. Même chez les
meilleurs de nos interprètes, il est d'une rareté extrême de ne point éprouver une impression, sinon
de factice, du moins d'un « art » voulu fréquemment
transparent, et, si nous excellons souvent dans la
comédie contemporaine, peut-être est-ce pour beaucoup à cause de l'artificiel inhérent à notre sociabilité
citadine et, partant, adéquat au genre.

Il semble bien que cet état de choses puisse être
en fort notable partie la conséquence de cette « civi-

lisation » qui demeure la nôtre et faisait l'admiration
ahurie de l'Europe il y a quelque deux cent cinquante ans. Nous avons conservé l'empreinte indé-
lébile de ce « Grand Siècle » où, même entre les plus
proches, l'intimité était distante ou cérémonieuse et
le tutoiement inconnu, l'appellation de « Monsieur »
si générale et suppléant à tout que Saint-Simon
relate l'incident d'un jeune seigneur auquel, le jour
de son mariage, le prêtre demandant son prénom,
lui et ses père et mère l'ignoraient si absolument
qu'il fallut quérir sa nourrice pour savoir s'il avait
été baptisé. Quoique les temps aient bien changé,
nous avons hérité de celui-là la pratique de cette
« politesse », qui est pour nous une élégance, un
masque, une défense, une ironie ou un hommage,
mais aussi, au rebours de l'obséquiosité d'ailleurs,
un élément d'égalité sociale ; de cette politesse toute
spéciale, qui déconcerte au prime abord nos hôtes
étrangers, et à propos de quoi Wagner observait
plaisamment que, en lui disant « Vous » dans nos
prières, nous n'en épargnons même pas Dieu. Je
crois bien, en effet, que nous sommes le seul peuple
de la terre à en agir ainsi envers ce personnage, et
c'est même bien dommage qu'il n'existe pas, car on
imagine volontiers cette scène piquante d'un Français pieux, mais « distingué », entrant au Paradis, le
soyeux gibus à la main, et s'inclinant devant le Père
Eternel à barbe blanche avec ces mots : « Monsieur,

je dépose à vos pieds les plus humbles respects de
votre serviteur. » Si les splendeurs de Versailles, ses
pompes et son étiquette raffinée ont pu disparaître
à jamais, leur souvenir est la substance de notre civilisation comme de notre culture. Désormais le Français, au fond, est un « Monsieur » avant que d'être un
« homme », et, telles celles que nous traversons, il lui
faut d'extraordinaires circonstances, dont l'incon-
gruité brutale est peut-être ce qui le choque inconsciemment le plus, pour se découvrir à soi-même quel
échantillon peu commun d'humanité recouvre son
costume à la mode.

L'habituelle convention de nos mœurs nous éloigne
invinciblement de la nature ; la monnaie de singe
ou l'apprêt de notre politesse nous accoutume à
prendre une « attitude » et, au théâtre, cette attitude
est facilement affectée. Aussi détonnons-nous d'ordinaire dans le mythe ou dans la légende et nous
révélons-nous peu propres à incarner de frustes
créatures. Les films venus d'Amérique avaient
prouvé depuis longtemps, au cinéma, la supériorité
sur ce point de nos amis yankees, et il semble bien
que nous nous divulguions à cet égard les gens les
plus « civilisés » du vieux continent même. Peut-être
est-ce parce que dépourvus des traditions issues
d'un « Roi-Soleil » à la perruque majestueuse, que
nos invités italiens ont joué avec un tel entrain pri-
mesautier et un si vivant réalisme le mélodrame cali-

fornien intitulé *la Fanciulla del West*, qu'il plut à M. Puccini d'accompagner d'un brouhaha sonore n'offrant aucun perceptible rapport avec ce qu'on peut décemment nommer de la musique.

Pour *il Trovatore*, en revanche, opéra selon la formule ancienne, il n'était plus question de jouer, mais tout bonnement de chanter, et Mme Carmen Mélis aurait certes plus que le nécessaire pour le faire admirablement. Sa voix est belle, en particulier dans l'aigu, d'une souplesse merveilleuse et apte aux nuances les plus subtiles. On se sent décontenancé presque jusqu'à la stupeur en présence du résultat auquel aboutit cette virtuosité péremptoire. Si la musique de Verdi vaut quelque chose, c'est, outre par la géniale abondance, pour la verdeur d'une inspiration mélodique savoureuse même encore en sa trivialité. Mais cette inspiration, si populaire que chacun la fredonnait d'avance, on la cherchait en vain tout ébaubi dans ce qui arrivait aux oreilles. Pour ma part, je l'avoue, je ne soupçonnais guère qu'il fût possible de défigurer à ce degré une mélodie aussi limpide, disloquée, démantibulée par une extravagante acrobatie de traînandos, d'expirandos, de hoquettandos, de brusques suspensions et de galops soudains, aux fins de quoi le chef d'orchestre *ad hoc*, M. Rodolfo Ferrari, semblait avoir pour mission capitale d'empêcher à tout prix ses subordonnés de jouer un seul instant en mesure. Non, vraiment,

ce ne fut pas banal : c'était même abracadabrant, et
ça ferait un petit jeu de devinettes original à implan-
ter dans les salons où l'on chante. Un nombreux
public transalpin applaudit avec frénésie ces prouesses
compatriotes, et il serait téméraire d'affirmer que
le reste de l'auditoire ne se joignit à l'ovation que mu
par les devoirs de l'hospitalité. Il n'est pas défendu
pourtant de caresser l'espoir que l'alliance y fut
pour autant que notre « politesse ».

Les spectacles nouveaux inaugurés par M. Jacques
Rouché n'ont pas cessé d'enchanter pour le moins le
regard, si peut-être ils n'ont pas toujours strictement
tenu la promesse « de résumer ce que la musique a
produit de plus remarquable » à tel ou tel moment
choisi de son évolution. *Les Virtuosi de Mazarin* nous
offraient, dans la lourde somptuosité de l'époque, un
concert organisé par le Cardinal en 1647, au Palais
Royal, pour divertir la Reine, veuve consolable et
régente. Certes, Mlle Sirède ressuscitait superbement
une Anne d'Autriche imposante, Mlle Faivre, un
délicieux Louis XIV en miniature, et M. Vulpesco
semblait un Mazarin descendu de son cadre. Mais,
quoique le programme érudit nous assurât que le
susdit concert fut consacré à l'*Orfeo* de Luigi Rossi,
et que cela pût justifier à la rigueur le nombre des
fragments qu'on nous servit tirés de plusieurs opéras
du maestro, la musique de ce compositeur, chu depuis dans un opaque oubli, a perdu tout le charme

qui fit jadis la renommée de son auteur sans y gagner pour nous en intérêt quelconque. Il eut été préférable aussi, sans doute, que les deux citations de Monteverdi ne fussent point extraites du *Couronnement de Poppée*, que nous connûmes, il n'y a guère, sur la scène du Théâtre des Arts. Bref, le plus captivant de la séance s'avéra l'infernale évocation de Médée, empruntée au *Giasone* de Cavalli, — qui ne date d'ailleurs que de 1649. Cette page troublante est d'un puissant effet dramatique qu'on eût plus fortement ressenti si Mme Croiza ne l'avait chantée en italien. En dépit d'une traduction secourable, il n'est pas très commode de compâtir comme on voudrait à des sentiments exprimés dans une langue qu'on ne comprend pas.

Le Roman d'Estelle, à son tour, nous transportait en 1830, à l'heure où, avec notre concours enthousiaste, fut fondée et émancipée la Belgique, dont l'héroïsme devait, près de cent ans après, sauver notre pays assailli par derrière, montrant ainsi qu'un geste désintéressé peut quelquefois avoir sa récompense. La musique dont on illustra ce tableau s'attesta, pour dire la vérité vraie, d'une fastidiosité excessive, et témoignait d'autant mieux de l'indigence du temps qu'on dût même anticiper légèrement : *la Norma* et *Lelio* étant de 1831 et *le Bal masqué* de 1833. Ces attentats véniels à la chronologie n'empêchèrent au surplus nullement de s'amuser de tout son cœur au grouillement bariolé d'une soirée chez Cherubini, alors septuagénaire un peu gâteux, gracieusement fêté par le corps de ballet de l'Opéra et les illustrations du théâtre, tandis que, pour finir, M. Delmas, en ventripotent M. Prudhomme, ventriloqua caverneusement le trop fameux « Amour sacré de la patrie » de *la Muette*. Le dernier de ces spectacles, par contre, dénommé *Carême-Prenant*, valut surtout par la musique et l'ingéniosité d'une mise en scène évoquant de la plus agréable manière, vers le milieu de notre XVIIᵉ siècle, une ère transitoire très française et trop ignorée de l'évolution de l'arie et des formes de danse qui constituèrent les *Partitas* ou *Suites* où s'épanouit l'art des clavecinistes.

Enfin ce morcellement des programmes fit le bonheur d'un essaim de compositeurs ayant peut-être abandonné toute espérance de s'entendre ou se réentendre à l'Opéra. On retrouva ainsi, avec des émotions diverses, le meilleur de maints ouvrages parfois aucunement indignes de considération dans l'ensemble, cependant que quelques partitions inédites ou non encore représentées bénéficiaient de l'occasion. Les contingences favorisaient heureusement l'émoi libertaire émanant des *Girondins* où M. Fernand Le Borne déploya, dans la fougue d'un art un peu lourd et touffu, une sincérité généreuse. Le duo d'amour du *Miracle*, de M. Georges Huë, est d'une harmonieuse beauté qui en ferait un vrai chef-d'œuvre s'il n'arrivait si tard après celui de *Tristan* pour réveiller si vivement, avec sa ressemblance sosiesque, le regret d'en être sevré. Les ficelles usées de *Thaïs* procurèrent à Mme Marguerite Carré le prétexte d'un très grand et très légitime succès. *Judith de Béthulie*, de Mme Armande de Polignac, que grevait un texte impropice, était trop peu au point pour qu'on y pût juger d'autre chose que de l'admirable talent de Mme Félia Litvinne et, quand, un autre soir, on reprit cette scène à l'improviste, il advint plusieurs fois que les chanteurs et l'orchestre se poursuivirent à deux ou trois mesures de distance sans parvenir à se rejoindre.

C'est évidemment incité par la respectable pensée d'un devoir à l'égard d'une amitié prématurément rompue par la mort, que M. Vincent d'Indy réclama de diriger le troisième acte du *Roi Arthus* d'Ernest Chausson. Par malheur, la réputation du musicien, dont il voulut ainsi honorer la mémoire, a plutôt durement pâti d'une aussi louable intention. On n'imagine guère impersonnalité plus totale, affabulation plus ridicule, écriture et inspiration plus oiseuses que celles qui s'étalent dans ce pastiche enfantin de Wagner où l'auteur, à l'instar de son modèle inaccessible, tint à confectionner lui-même les paroles d'un poème plus navrant encore que la musique, relevée çà et là du moins, elle, par des rémi-

niscences qui seraient impudentes sans la candeur
visible de leur imperturbable inconsciénce. C'est un
des bienfaits de ces représentations coupées, que
cette sélection économique autant qu'expéditive qui
écarte, pour l'avenir, des finances directoriales comme
de nos oreilles, le calice de fours assurés. S'il sait en
apprécier les avantages, M. Rouché ne tardera sans
doute pas à soumettre prudemment à l'épreuve un
acte de *Guercœur*.

En attendant, notre Opéra commence à se risquer
de temps en temps à des œuvres entières et, ferme-
ment convaincu que la fortune aime les audacieux,
il débuta dans cette voie par *Samson*, *Rigoletto* et
Faust. Il y joignit pourtant un beau jour *l'Etranger*
qui, depuis douze années, sauf erreur, semblait
avoir quitté le répertoire. Il faut bien confesser qu'on
ne l'y revit pas sans désillusion. Cet ouvrage singulier a le grave défaut de jouir d'un livret ambitieuse-
ment inintelligible et le plus maladroit, qui amalgame
symbole et réalité en des discours d'une puérilité
consternante. Et, pour comble, c'était M. Delmas
qui les chantait. Le musicien, chez M. d'Indy, s'atteste certes infiniment supérieur au poète, ce qui
n'est d'ailleurs pas difffcile ; il n'est, hélas ! pas
moins grandiloquent, et sa déclamation sonore,
ponctuée d'emphatiques élans, de silences aux visées
obstinément profondes ou sublimes, a beaucoup de
terribles quarts-d'heure pour très peu de passables

moments. La matière purement musicale apparaît du plus authentique « scholisme » ; l'emploi du motif wagnérien, assez simpliste ; la polyphonie, d'un intellectualisme abstrait souvent quintessencié, aussi peu spontanée que l'inspiration même ; et l'harmonie, mâtinée de franckisme et d'hugoriemannisme, déjà tardigrade et désuète, encore que la composition de *l'Etranger* ait été parallèlement contemporaine de celle de *Pelléas*. Ces constatations un peu mélancoliques accordées à la vérité sans fard, il n'en reste pas moins que cette œuvre, représentative entre toutes de la personnalité de M. Vincent d'Indy, peut, en somme, et même évidemment, compter parmi les ouvrages les plus sérieux et les plus estimables que notre école française ait produits au théâtre, et on doit féliciter M. Rouché de l'avoir accueillie sur ses affiches.

En résumé, on travaille beaucoup à l'Opéra, et, si les résultats en semblent quelquefois discutables, on y apprit en quelques mois plus de choses qu'au long cours de certains précédents septennats. Il n'était guère possible de gérer plus intelligemment une exploitation provisoire, dont l'expérience aura démontré par le fait que notre première scène lyrique n'a rien à sa disposition pour remplacer Wagner. On n'en est pas surpris, le génie ne courant pas plus les rues que les chefs-d'œuvre. Il est un de ceux-ci cependant que M. Jacques Rouché pourrait nous octroyer à peu de frais sans doute en s'arrangeant avec le liq..idateur du Théâtre des Champs-Elysées : c'est *Boris Godounoff*, du génial et ingénu Moussorgsky.Ne s'y décidera-t-il pas ? D'ailleurs, avec *Boris*, il recréerait d'emblée « l'union sacrée » dans la musique. M. Masson y bâillerait naturellement comme à Cancale et M. Saint-Saëns ragerait, mais ils n'oseraient pas le dire. M. Barrès s'y barberait autant qu'à *Parsifal*, mais en tirerait pour *l'Echo* un pendant au *Regard sur la Prairie*. MM. Richepin et Donnay, peu fixés, en feraient chacun tout joyeux deux articles et trois conférences. M. Junius attraperait pour sûr un mal de tête, mais crierait « Vive la Russie ! » en buvant du thé de Ceylan. Enfin les wagnériens seraient ravis. Tout le monde tomberait d'accord. Qu'attend M. Rouché pour réaliser ce beau rêve ?

Juin 1916.

X

POLÉMIQUES

Sɪ la musique adoucit les mœurs, il ne semble pas, pour l'instant, que ce soit celles des musiciens. M. Saint-Saëns en offre un surabondant témoignage. Il paraît s'évertuer sur le tard à justifier terriblement son prénom de Camille. Seulement, M. Saint-Saëns exagéra. Il ne se contenta pas d'entasser absurdités et ignorances sur inexactitudes et... contre-vérités, son dépit de professionnel fabricant d'opéras contre un trop glorieux concurrent décela le bout d'une oreille dont on ne soupçonnait guère la longueur. Ses imprécations n'en ont pas moins donné le branle et déchaîné des polémiques qui s'exaspérèrent bientôt en proportion autant de l'incompétence variée des opinants que, comme ingénument l'avoua M. Saint-Saëns, des « intérêts » en cause et inopinément réveillés.

C'est ainsi qu'à la suite du turbulent octogénaire on vit un M. Frédéric Masson annuler *les Maîtres-Chanteurs* d'un verdict péremptoire et vouer au peloton d'exécution ou à l'internement les Français wagnériens qui se battaient dans les tranchées, cependant que M. Barrès les proclamait traîtres à la patrie. On eut pareillement le spectacle imprévu de M. Donnay du Chat-Noir et de l'Académie Française découvrant horrifié dans l'œuvre de Wagner « le symbole du despotisme et de l'impérialisme teutons ». Des assimilations ineptes, toute la lyre de la grandiloquence à vide s'épandirent quotidiennement à l'adresse d'un public inaverti, exposé par là sans défense à ce spécial bourrage de crâne. Et la question fut de la sorte insensiblement transformée en une affaire « de sentiment » où chacun y alla du sien.

Tout sentiment sincère et désintéressé ayant, à priori, droit au respect d'autrui, cela serait, en résumé, fort acceptable ; à la condition toutefois que ce respect fût réciproque. Il est évidemment permis « d'entendre le canon », de n'entendre que lui comme M. Gédalge « n'entend plus que *la Marseillaise* », tout autant que de nier qu'en circonstance aucune l'art puisse être un objet « de luxe et de vanité », ainsi qu'il m'advint de le faire à l'encontre de M. Haraucourt réclamant le droit « au balai ». Des choses de sentiment, on ne discute pas plus que des couleurs : vous aimez le rouge ; moi, le vert ; vous, les brunes ; moi, les blondes ; prenons chacun ce qui nous botte ou nous enchante. Les questions de pur sentiment se résolvent avec une égale facilité, et, si la question Wagner en est une, elle serait vite réglée entre interlocuteurs loyaux et d'âme libre. Malheureusement, voici ce qui se passe :

— Il vous déplaît d'entendre du Wagner ? A votre aise, nul ne vous y oblige. J'en entendrai fort bien sans vous.

— Eh ! non, vous n'en entendrez pas, car je ne veux pas qu'on en joue.

— Ah ? mais de quel droit et pourquoi ?

Et on discute ; et chaque camp étale ses raisons. On put jauger celles de nos adversaires : la plupart étaient de l'acabit de ce qu'un illettré complet pourrait élocuter en parlant de Shakespeare, de Rabelais ou de Ronsard, ou bien de ce dont un aveugle accoucherait sur la peinture. Car il est remarquable que la majorité de ceux qui prétendent interdire l'exécution des œuvres wagnériennes sont des gens totalement ou à bien peu près étrangers à la musique, et dont bon nombre, non seulement n'ont jamais entendu de Wagner, mais n'auraient jamais l'idée d'en aller entendre même si on en jouait, et n'iront certainement jamais quand on en jouera. Il leur suffit de nous en empêcher. Outre les académiciens falots ou arrivistes, auxquels on fut tout ébaubi de se cogner en pareille occurrence, il est pourtant, mais fort peu, dans la bande, quelques compositeurs orfèvres desquels M. Saint-Saëns, « de l'Institut », s'est érigé le généralissime Josse. Il y aura bientôt dix-huit cents ans que le Voltaire de l'antiquité, Lucien de Samosate, observait après Thucydide que l'ignorance engendre l'arrogance, et de tous temps la mauvaise foi fut fille de l'envie. Aussi aux puérilités, bourdes, âneries séniles, insultes, diffamations et menaces, s'ajoutèrent d'emblée la basse jalousie, le mensonge ou la calomnie perfide. Et cela continue, sans souci des arguments antagonistes dont, ne pouvant les rétorquer, on ne souffle mot. C'est tellement plus commode ! Et voici l'un des derniers boniments qu'on nous servit.

Dans *la Renaissance* du 4 février, M. Jean Poueigh, musicien peu connu et pour cause, qui, dans une autobiographie pseudonyme, révèle à la postérité « qu'il naquit à Toulouse en 1876 et fit ses études classiques chez les Pères Jésuites, au Caousou » de la même ville, M. Jean Poueigh, auteur à quarante ans d'une dizaine de menus ouvrages, fit paraître une enquête qu'il intitulait : « *Doit-on jouer du Wagner après la guerre ?* » Sur vingt-et-une réponses, il ne put obtenir que six arrêts de proscription formelle. Ce qui l'amène à cette constatation : « De cet ensemble d'opinions jaillit une aveuglante certi-

tude : la question est toute de sentiment » ; mais ne
le trouble pas le moins du monde pour conclure... à
la condamnation. Et il fournit ses arguments, après
avoir pourtant tressé des couronnes prudentes « au
génie unanimement reconnu et admiré de Wagner ».

Le premier de ces arguments est « la haine de
Wagner pour la France et le mépris dans lequel il
tient l'esprit et l'art français », ce qui nous serait
bien égal, tout autant qu'à l'égard de Mozart, de
Mendelssohn et de Schumann, entre autres, si ce
n'était une inexactitude, ainsi que M. Saint-Saëns
lui-même, qui fréquenta Richard Wagner, en témoigna dans *Harmonie et Mélodie*. M. Poueigh n'a
garde, naturellement, d'omettre *Une Capitulation* et
il évoque la *Marche impériale* sans songer à « *la Victoire de Wellington ou la Bataille de Vittoria* », où
Beethoven a célébré notre défaite à Waterloo. Enfin
M. Jean Poueigh affirme que « tous les abominables
appétits teutons *qu'exalte et magnifie la Tétralogie,
soif de l'or, soif du sang...* réveilleraient des douleurs
et constitueraient vis-à-vis de nos deuils pis qu'une
offense, une véritable inconvenance ». Ici, on se demande si c'est le coup de pied de l'âne ou bien l'application de la maxime illustre de Basile.

Tout de même, il est difficile d'imaginer que
M. Poueigh, qui, admirant Wagner, doit connaître
ses œuvres, ignore que sa Tétralogie, loin « d'exalter
et de magnifier » de tels instincts, les stigmatise au

contraire et les châtie avec une logique implacable. Personnellement, je ne suis pas très féru de cet élément « philosophique » qui, de ce moment, s'introduit dans la dramaturgie wagnérienne pour aboutir avec *Parsifal* à une mystagogie où sombre toute humanité plausible. Il n'en demeure pas moins que ce long et alambiqué poème chante « la régénération du monde par l'amour », le mépris de l'or et la malédiction attachée au bien mal acquis. Les Dieux y sont punis et périssent pour avoir profité d'un trésor dérobé, voulu violer la parole donnée et tenir un contrat pour un simple « chiffon de papier » ; et, comme le notait M. Souday dans *Paris-Midi*, « il est même impossible de ne pas apercevoir une analogie prophétique entre l'Allemagne impérialiste, actuellement menacée d'un équitable désastre, et le Walhall, bâti par l'orgueil, la force et le dol, qui s'écroule au dénouement du *Crépuscule des Dieux* ».

Assurément, auprès des gens mal informés, il reste toujours quelque chose d'une calomnie même impudente, mais qui, parmi les autres, M. Poueigh compte-t-il convaincre de la sorte ? M. Poueigh, d'ailleurs, ne se contente pas de fausser, il suppose. « Vivant, assure-t-il aussi, Wagner aurait signé le fameux manifeste. » Hypothèse gratuite dont on appréciera l'honnêteté. M. Poueigh aurait pu mentionner qu'en tout cas Richard Strauss, lui, ne l'a pas signé. « En aimant la musique française, c'est la

France que nous glorifierons », termine éloquemment M. Poueigh. D'accord, quoique le rapport m'échappe un peu : ne pas vouloir qu'on joue la musique de Wagner n'impliquant nullement qu'on aime la musique française, surtout celle qui le mérite, et on remarque même tout l'opposé. Mais on peut estimer « glorifier » plus sûrement encore la France en « aimant » avant tout *la vérité*, dont elle s'attesta toujours l'imperturbable et chevaleresque champion.

On voit le ton et la chanson des polémiques wagnérophobes. M. de Bethmann-Hollweg ne croyait probablement pas avoir de ce côté du Rhin tant de disciples. Il est inconcevable que ces gens n'imaginent point l'effet produit par de tels ramassis d'insanités et d'impostures chez les neutres qui nous regardent et nous lisent. Chez certains, comme on me l'écrivit d'Amérique latine, la vieille renommée de loyauté de notre France en a pâti, en serait gravement atteinte si ces pamphlets demeuraient sans réplique. Il n'est pas moins ahurissant que des individus de l'arrière, bien à l'abri dans la réforme ou non mobilisés par l'âge, prétendent décider entre soi, au coin du feu, les pieds sur les chenets, « qu'on ne jouera plus du Wagner après la guerre ». Les wagnériens qui, juste à la même heure, combattent dans la boue sanglante et la mitraille, leur répondront vraisemblablement au retour : « Pardon, Messieurs, on en a joué *pendant*, en des endroits dont vous étiez fort loin, mais où on entendait le canon, et cela nous paraît une raison suffisante pour qu'on en joue partout *après*. Nous ne contraignons personne à venir en entendre avec nous, mais nous espérons bien qu'on voudra respecter notre sentiment comme nous respectons celui des autres. » Et peut-être s'exprimeront-ils en termes plus nets et plus brefs. En attendant, on les outrage, eux qui ne peuvent que se taire, on les taxe de « trahison », eux qui se font trouer la peau ; on les blesse dans leurs admirations les plus nobles, dans la beauté qui fut leur culte et qui reste leur réconfort. De bons esprits ont déploré ces controverses et leur vivacité. Ce fut, à coup sûr, un scandale que de les soulever quand et comment on l'osa. Mais, qui l'a fait ? Qui commença ? Ce n'est pas nous, ainsi que remarqua M. Souday, auquel je cède la parole, ne pouvant vraiment pas mieux dire :

Il y avait plusieurs mois que M. Camille Saint-Saëns publiait, contre Wagner et les wagnériens, des articles gracieusement intitulés : « Germanophilie ! » et que M. Frédéric Masson, pour qui les *Maîtres-Chanteurs* sont une « misérable rapsodie », hurlait qu'on ne pourrait plus jamais jouer du Wagner en France, lorsque nous nous trouvâmes quelques-uns à juger indispensable de répondre à ces absurdités, ne fût-ce que pour ne pas laisser croire aux neutres qu'elles traduisaient l'état général de l'opinion dans notre pays. C'est le bon renom de l'intelligence française, un peu compromis par ces fureurs séniles, qu'il était urgent de défendre, en même

temps que les droits imprescriptibles du Beau. Les premières répliques des wagnériens furent très modérées
de ton, et ce n'est pas leur faute si leurs contradicteurs
ont passionné le débat. Ce n'est pas nous qui avons
accusé M. Maurice Barrès de trahison envers la France
ni qui avons demandé que l'on fusillât M. Frédéric
Masson ou qu'on l'enfermât.

M. Souday aurait pu ajouter que ce n'est pas
nous qui avons menti comme M. Saint-Saëns et
M. Poueigh, ni, comme M. Masson, traité de « pintades » et de « grues » les dames qui n'étaient pas de
notre avis. Nous avons discuté loyalement, et non
peut-être sans quelque compétence en la matière ;
nous avons apporté des arguments, prêts à examiner
toute objection sérieuse, et, sur le point du « sentiment », nous n'avons jamais prétendu asservir celui
de quiconque. Nous ne voulons forcer personne à
entendre la musique de Wagner, mais nous ne
souffrirons pas non plus qu'on nous empêche d'en
entendre, si tel est notre « sentiment » ; et, là-dessus,
après la guerre, ceux qui auront « entendu le canon »
auront aussi sans doute voix au chapitre. La polémique évidemment s'est passionnée et, en réalité,
de calomnie, de rage et de diffamations d'un côté ;
d'indignation du nôtre. Et nous ne nous lasserons
pas de riposter. C'est d'ailleurs un devoir envers
ceux que le leur en empêche et qui sont obligés de
dévorer là-bas leur colère en silence.

Mai 1916.

X

ARGUMENTS WAGNÉROPHOBES

A la suite de mon appréciation de son « enquête », M. Jean Poueigh envoya au *Mercure de France*, sous la forme d'une lettre ouverte à son directeur, une réponse de laquelle je reproduis ici tout ce qui se rapporte à la question, sans omettre pourtant les aménités supplémentaires dont M. Poueigh m'y arrosa d'un jet fumant et fulminant.

...Par leur violence, par leur grossièreté, les diatribes de M. Marnold relèvent de la réunion publique et du tréteau plutôt que de l'art et d'une revue telle que le Mercure. Invectives et expressions malsonnantes constituent le vocabulaire choisi dont il use lourdement à l'égard de toute opinion différente de la sienne. Le style de M. Marnold acquiert ainsi une élégance toute « apollinienne idoine à transporter le lecteur d'une

ivresse quasi-dionysiaque ». Jean Lorrain eût cinglé votre collaborateur de son mot fameux : « Monsieur, vous écrivez, il pleut de la m...! » Quand M. Marnold lève la plume, il n'éclabousse que lui. Aussi me serais-je abstenu de répondre aux Polémiques *parues sous sa signature dans le* Mercure *du 16 mai, si les arguments en étaient toujours étayés par des documents puisés aux sources de la plus scrupuleuse exactitude. M. Marnold m'y traite de menteur : je lui retourne l'épithète et lui administre les preuves. Souffrez qu'après un bref préambule, reprenant — avec toutefois plus de délicatesse — un geste qui lui est cher, je mette à M. Marnold le nez dans quelques livres.*

Il y a déjà plusieurs années que M. Jean Marnold est passé à l'ennemi avec armes et bagages. Cela date du temps où M. Richard Strauss, bourdon volumineux, emplissait l'espace sonore du vrombissement de son essor. Muscicape glouton, M. Marnold goba avidement la mouche teutonne. Il en gonfla si fort qu'ayant pris depuis lors le volume et le poids pour de la puissance, il s'essaya à écraser notre jeune école sous la kolossale production d'outre-Rhin. Aujourd'hui, exagérant son attitude, il s'institue le grand eunuque du théâtre bayreuthien. En vérité, je le demande, quels sont les thèmes que M. Marnold a développés dans ses dernières chroniques du Mercure *? De cette tribune qui porte par delà nos frontières prit-il le soin de faire savoir au loin que l'état de guerre n'arrêtait pas notre activité artistique ? A-t-il appris à l'Etranger que nos grandes associations de concerts avaient pu fonctionner cette saison avec des programmes consacrés aux œuvres symphoniques* françaises *? A-t-il rendu compte aux neutres des efforts répétés de notre Académie Nationale de Musique pour reconstituer des concerts historiques avec* *musique* française *du temps et pour faire entendre des fragments d'œuvres inédites de musiciens* français *contemporains ? Cependant qu'à l'Opéra-Comique les représentations ou reprises d'ouvrages* français *du répertoire assuraient la recette ? Bref, toutes les manifestations de notre vie musicale, au concert et au théâtre, lui ont-elles fourni prétextes à dévoiler au monde, attentif à tous nos gestes, les beautés et la vitalité de la musique* française *? Rien de tout cela. Qu'importe à* M. *Marnold les destinées de la musique* française ! *Tandis que tonne le canon de Verdun, M. Marnold entonne un los hyperbolique en l'honneur du plus* germanique *de tous les musiciens* allemands.*

Et voici que, discutant, après trois mois de gestation laborieuse, les conclusions de mon enquête intitulée : « Doit-on jouer Wagner après la guerre ? » *et publiée dans* La Renaissance *du 4 février, M. Marnold déclare impudemment que la haine de Wagner pour la France et le mépris dans lequel il tient l'esprit et l'art français lui seraient bien égal,* « *si ce n'était une inexactitude, ainsi que Saint-Saëns lui-même, qui fréquenta Richard Wagner, en témoigna dans* Harmonie et Mélodie ». *Dans le* Mercure *du 1ᵉʳ mars, à la page 148 de l'article* Le Cas Barrès, *M. Marnold a imprudemment soutenu une idée presque identique :* « *Wagner eût pu nous insulter et nous haïr... Or il ne l'a point fait : ceux qui le prétendent ignorent ce dont ils parlent ou sont des imposteurs. Il eut toujours, au contraire, un faible, une attirance à notre égard.* » *En présence d'une affirmation émise en termes aussi catégoriques, péremptoire à tel point et qui ne craint pas de se répéter à deux mois et demi d'intervalle, nous allons voir ce que vaut un démenti donné par M. Jean Marnold. Vous apprécierez ensuite, mon cher ami, ce qu'il faut le plus admirer en lui : sa consciencieuse compétence de musicographe, sa haineuse virulence de scribe, ou son candide amour de la vérité.*

Le témoignage de M. Saint-Saëns, voilà la seule autorité qu'il invoque. Ah ! Le bon billet ! M. Marnold n'a donc jamais ouvert le volume dont il parle ? Il y aurait également trouvé ces deux passages qui ne concordent guère avec ses assertions :

Ne leur parlez pas (aux wagnériens) de l'insulte faite par Wagner à la France vaincue ; ils entreraient en fureur — contre vous ! Notez qu'il ne s'agit pas d'une boutade, comme il en peut échapper dans l'improvisation d'une lettre ou d'un article de journal ; c'est une œuvre voulue, réimprimée du vivant de l'auteur et faisant partie de l'édition définitive de ses œuvres complètes. (CAMILLE SAINT-SAENS, *Harmonie et Mélodie*, Paris, Calmann-Lévy, 1885. *Introduction*, p. xx.)

Richard Wagner déteste la France... sa haine pour la France est devenue comique, depuis le jour où il a laissé tomber de sa plume l'étonnante chose intitulée : *Une Capitulation*, dégoûtante parodie que nul théâtre allemand n'a voulu représenter, et qui ne pourra jamais nuire qu'à son auteur. (*Id.*, *L'Anneau du Nibelung et les Représentations de Bayreuth*, août 1876), p. 38 et 39.)

Laissons là M. Saint-Saëns et Une Capitulation, *j'ai mieux à vous offrir. Moins ménager pour ma part que M. Marnold du jugement d'autrui, je jette sous vos yeux la brassée de citations que voici :*

Lorsqu'on a parcouru les ouvrages littéraires de Wagner, deux traits dominants nous frappent à travers toute cette métaphysique obscure et filandreuse : une haine implacable contre la France, haine dans laquelle revivent les ardeurs destructives des hordes barbares... On sait qu'il a la prétention de personnifier et de résumer en lui le génie supérieur de la race allemande. Il personnifie du moins ses tendances présentes. Dans cette croisade contre les « Welsches » prêchée depuis plus d'un demi-siècle de l'autre côté du Rhin, Wagner combat la France avec ses drames musicaux, comme Kaulbach la combattait avec ses tableaux, comme enfin tous les pinceaux, les plumes et les langues de la grande patrie allemande combattent avec un touchant ensemble « l'ennemie héréditaire ». (LÉONIE BERNARDINI, *Richard Wagner*, Paris, Marpon et Flammarion, 1882. Livre Ier, chap. I, pp. 6 et 7.)

Wagner envoyait en même temps à l'*Abendzeitung* de Dresde, des correspondances parisiennes, sous le titre de « *Nouvelles du pays des arts et des sciences* », qui déchiraient sans ménagement tous les ouvrages nouveaux qui paraissaient à Paris, et publiait dans le *Journal de l'Europe*, sous le pseudonyme de Freudenfeuer, les « *Amusements parisiens* » et les « *Fatalités parisiennes pour un Allemand* », dans lesquels il déclamait rageusement sur la soif de jouissance et la frivolité de la ville « du luxe et de la mode ». A Paris, dans la *Gazette Musicale*, il changeait de ton... et célébrait avec enthousiasme notre mérite national. (*Id.*, Livre II, chap. IV, p. 45.)

C'est alors que Wagner eut ce qu'on peut appeler un trait de génie. Depuis longtemps, une haine sourde, soigneusement entretenue par les gouvernants, couvait en Allemagne contre la France. Il la partageait ; d'anciens désappointements, de cruelles blessures d'amour-propre avaient encore avivé une aversion naturelle à lui comme à ses compatriotes. On invoquait et on exploitait les souvenirs de 1813. Au fond, c'était l'antipathie des deux principes irréconciliables, la haine jalouse de la nature hallucinée et sauvage pour une civilisation au sens rassis et à la vue nette. C'était, ainsi que Wagner l'avait exprimé dans *Tristan*, l'anathème jeté par la « nuit sainte au jour perfide ! au jour hostile ! » Orgueil

de vandales qui, parlant au nom de la civilisation,
brûlent de détruire et non d'éclairer ! Wagner imagina
d'épouser cette haine, d'en faire comme le synonyme
de son nom, de manière à ce que lui et son œuvre de-
vinssent la personnification du génie national, le dra-
peau levé contre une civilisation étrangère et détestée.
(*Id.*, Livre VI, chap. v, pp. 180 et 181.)

Suivant ses biographes allemands, Wagner avait
puissamment contribué à décider le roi de Bavière à
faire cause commune avec la Prusse. L'un d'eux, M. Meis-
ter, a même la naïveté d'ajouter qu'il le fit parce qu'il
n'avait pu oublier la chute du *Tannhaeuser* à Paris.
Quoi qu'il en soit, Wagner poussa de toutes ses forces
à la guerre contre l'ennemi héréditaire. Il célébra la
renaissance de l'empire germanique et, pour concilier,
autant que possible, ses hauts faits insurrectionnels et
les théories révolutionnaires de son exil avec sa nouvelle position de favori, prêcha un mélange de démocratie et de royauté, de pouvoir populaire et de suze-
raineté impériale, d'art et de régénération sociale, dans
un système politico-musical sur lequel il ne s'expliquait
pas très clairement, mais qui devait infailliblement
terminer triomphalement la « lutte civilisatrice » en
écrasant les races latines dégénérées sous la supériorité
transcendante des armes allemandes, du génie allemand
et de la musique allemande. Il chanta les victoires et
la mission de son peuple dans le poème « A l'armée
allemande devant Paris ». (*Id.*, Livre VI, chap. xi, pp.
194 et 195).

Wagner avait été bien inspiré en faisant de son œuvre
dramatique le pendant du célèbre tableau de Kaulbach :
le saint Michel germanique terrassant la France ; elle
était devenue le signe de la croisade contre les « Welches »,
tous les nobles allemands ne pouvaient s'empêcher de
l'arborer. L'empereur Guillaume l'en récompensa en lui
envoyant trois cents thalers pour son fameux théâtre.
(*Id.*, Livre IV, chap. x, p. 198.)

Le caractère germanique est incarné tout entier dans la musique de Wagner. De même que M. de Bismarck en représente le côté pratique, de même Wagner en représente le côté artistique... Wagner est le Bismarck de la musique... L'Allemand aime Wagner, le protège à outrance contre toute réserve, contre toute critique... Il croit en cela aimer, protéger, défendre la patrie allemande. (Comte PAUL VASILI, *La Société de Berlin*, Paris, Libr. de la *Nouvelle Revue*, 1884.)

L'esthétique de Wagner, très consciente et très réfléchie, est la résultante logique dé l'esthétique allemande et elle est liée par tous ses points essentiels avec les principales théories de l'art que l'Allemagne a produites depuis le siècle dernier... Mais par là même qu'il a réalisé l'idéal intime et profond de la nation à laquelle il appartient, Wagner ne sera jamais populaire que pour cette nation-là. (ÉDOUARD ROD, *Wagner et l'Esthétique allemande. La Revue contemporaine*, 25 juillet 1885.)

— Ses opéras sont des batailles livrées aux opéras français et italiens. Le théâtre de Bayreuth a sa signification nationale et patriotique comme le monument d'Arminius et le monument de Luther ; il marquera pour les opérations futures une victoire de la culture allemande ; ce sera le Sedan de l'art musical français. Aussi voilà six mois que nous venons chaque jour, mes filles et moi, sans excepter les dimanches, voir s'élever pierre à pierre l'édifice divin de la musique destinée à régner sur le monde (*sic*).
— Mais, Monsieur, ne puis-je m'empêcher de répliquer, l'Allemagne n'a cependant pas la prétention d'imposer les opéras de Wagner par la force des baïonnettes ?
— Non, mais quand la mission de l'Allemagne qui est de civiliser le monde (il souligna la phrase) sera accomplie, les peuples latins, déchus, abâtardis, acclameront d'eux-mêmes cette musique, puissante, grandiose, sublime. (VICTOR TISSOT, *Les Prussiens en Allemagne*, Paris, Dentu, 1876. *De Paris à Munich*, chap. XVIII, p. 184.)

Conversation de l'auteur avec un habitant de Bayreuth, familier de Wagner.)

La défaite des armées françaises, le bombardement et la chute de Paris mirent naturellement Wagner dans une jubilation sauvage. Il vit dans ces désastres le juste châtiment des Parisiens qui avaient méconnu sa musique et dans sa reconnaissance pour l'exécuteur des décrets de Dieu, il composa l'*Hymne à l'Empereur* et il voulut triplement célébrer en prose, en vers et en musique, la capitulation de la Babylone moderne. « Vers la fin de l'année 1870, pendant le bombardement de Paris, écrit-il dans la préface du 9ᵉ volume des *Œuvres Complètes*, je pensais que nos écrivains dramatiques exerceraient leur verve, dans des pièces populaires, sur les embarras de nos ennemis. » Mais la verve manqua, car Wagner ne voyant rien venir dut mettre lui-même la main à la pâte. (*Id.*, p. 204.)

Il écrivit alors *Une Capitulation*, cette charge d'un rhinocéros qui veut danser sur la corde. (*Id.*, p. 210.)

Wagner attaque la France comme s'il était Obotrite ou Wende. La vieille prépondérance de notre race le fatigue, l'irrite, le provoque. Dès 1868, avant la fatale guerre, il pousse son cri de fureur contre nous et notre ascendant. Il faut lire la brochure intitulée *Art et Politique* et imprimée en 1868, pour bien connaître toutes les visées de Wagner. Il se porte athlète et champion du génie allemand, bat en brèche la civilisation française, associe dans sa haine furibonde les petits princes d'Allemagne et la démocratie française et se fait chef de croisade contre nous. Quel étrange et profond ridicule. (Philarète Chasles, *Enquête esthétique sur les Arts*. Cité par V. Tissot, même ouvrage, p. 203.)

Art Allemand et Politique Allemande, ce virulent réquisitoire contre la perversion du goût allemand par l'esprit français, par les productions de notre art et de notre littérature... diatribe mille fois plus haineuse, plus injurieuse à notre égard que la fameuse farce : *Une Capitulation.* (GEORGES SERVIÈRES, *Richard Wagner jugé en France.* Paris, Libr. illustrée, 1887, p. 132.)

On était alors (1868) si peu renseigné sur les productions de l'étranger, qu'une brochure aussi injurieuse pour la France, signée. d'un nom aussi célèbre, put être publiée en Allemagne et même traduite à Bruxelles dans notre langue sans susciter aucune polémique. Personne ne prit garde à ce manifeste anti-français d'un Brunswick musicien... Cependant, après les succès militaires de la Prusse, spoliatrice du Danemark, victorieuse de l'Autriche à Sadowa, avide sans doute de nouvelles conquêtes, l'opuscule de Wagner, symptomatique en ce qu'il révélait deux ans avant la guerre de 1870, les tendances autonomes de l'Allemagne, aurait dû instruire nos gouvernants des dispositions secrètes de nos bons voisins et amis. On ignora l'œuvre ou l'on en méconnut la portée politique, comme on devait plus tard refuser d'ajouter foi aux menaçantes prédictions du colonel Stoffel, notre attaché militaire à Berlin, si bon juge cependant de la faiblesse de nos armements comparés aux formidables effectifs de guerre de la Prusse. (*Id.*, pp. 162 et 163.)

En résumé, cette brochure est un hymne à l'esprit allemand opposé à l'esprit français, créateur de l'art allemand et seul capable de le délivrer des influences étrangères. Seulement, les critiques très justes que Wagner adresse au goût français perdent toute valeur par le voisinage des grossièretés dont s'émaille le texte... passages injurieux pour la France. (*Id.*, p. 167).

L'Œuvre et la Mission de ma vie est le dernier écrit qui soit sorti de la main de Wagner, il est postérieur à toutes les publications et à toutes les communications qu'il a réunies dans les neuf volumes de ses *Œuvres Complètes...* C'est donc une sorte de testament artistique

que Richard Wagner a voulu laisser pour constater comment son œuvre doit se rattacher directement au grand mouvement de la renaissance d'un art national dans son propre pays. (RICHARD WAGNER, *L'Œuvre et la Mission de ma vie*, autobiographie inédite, traduction française avec commentaires et notes, par EDMOND HIPPEAU, Paris, Impr. Schiller, 1884. Cette autobiographie était destinée plus particulièrement à ses amis des pays latins et des Etats d'Amérique. (Publiée dans la *North American Review*, en juillet et août 1879. Avant-propos du Traducteur.)

Il (Wagner) appelait, dès 1868, les Allemands à une revanche artistique sur la civilisation et la littérature françaises, sur lesquelles toute l'Europe avait pris modèle depuis le XVIIe siècle, et il prévoyait avec une parfaite clairvoyance le grand duel, où il était impatient de voir anéantir l'*Erbfeind*. (*Id.*, p. 72.)

Wagner ne se défend pas d'avoir eu l'idée qu'une partie des milliards arrachés aux Français seraient affectés à la création de son théâtre idéal : « Le gouvernement allemand, écrit-il, était à cette époque riche jusqu'au superflu par les termes du traité avec son voisin vaincu. » (*Id.*, p. 78.)

Eh bien, il n'est pas du tout exact que Wagner ait jamais rendu justice au génie français : il a cherché, au contraire, à le rabaisser autant qu'il a pu. S'il a été plus réservé dans la *Lettre sur la musique*, écrite à la veille des représentations du *Tannhaeuser* à Paris, il a renié absolument tout ce qu'il y disait d'un peu élogieux sur notre littérature lorsqu'il a écrit sept ans plus tard sa brochure *Art Allemand et Politique Allemande*. (*Id.*, p. 85).

Wagner s'est érigé sans aucune équivoque, depuis 1864, l'apôtre de la croisade anti-française et il a prétendu, non pas couronner sa carrière en faisant exécuter ses

Nibelungen à Bayreuth, mais inaugurer le premier monument d'un art nouveau, le véritable centre de la civilisation universelle, la création idéale du génie allemand
vainqueur du monde. Telle est bien sa pensée intime,
dont il ne s'est nullement caché. (*Id.*, p. 86.)

*Tous ces auteurs, M. Marnold les traitera peut-être
d'ignares, d'imposteurs ou de blasphémateurs. Reniera-t-il
aussi son dieu ? Me bornant à cueillir dans* Art Allemand et Politique Allemande *de Wagner quelques
extraits édifiants — ses œuvres complètes en contiennent bien d'autres — je laisse la parole à Richard
Wagner en personne :*

Dans ses excellentes *Recherches sur l'Equilibre européen*, Constantin Frantz termine en ces termes son
exposé de l'influence prise sur le système gouvernemental
européen, et qui s'est exprimée par la propagande na-
poléonienne : « Cette propagande ne repose sur rien
autre chose que la puissance de la civilisation française, sans laquelle elle serait elle-même tout à
fait impuissante. Aussi, la seule digue efficace à opposer à cette propagande consiste-t-elle à se soustraire
à l'empire de cette civilisation matérialiste. Et c'est là
précisément la mission de l'Allemagne, car, de tous les
pays continentaux, il n'y a que l'Allemagne qui possède
les dispositions et la force d'esprit et de cœur capables
de faire prévaloir une culture plus noble contre laquelle la civilisation française ne puisse plus rien. Ce
serait là la véritable propagande allemande et une con-
tribution essentielle au rétablissement de l'équilibre européen. (RICHARD WAGNER, *Art Allemand et Politique
Allemande*, tome VIII des *Œuvres en prose de R. W.*,
traduites en français par J.-G. Prod'homme et L. Van
Vassenhove, Paris, Ch. Delagrave (s. d.). (*Art Allemand
et Politique Allemande* (1867-1868) fut traduit par
Guilliaume au fur et à mesure de sa publication par la

Süddeutsche Presse (à partir d'octobre 1867) dans le
Guide Musical de Bruxelles (1867-1868), puis tiré à part
en brochure vers Pâques 1898. (Premières lignes, pp. 98
et 99.)

Il doit y avoir une raison particulière pour laquelle
les Français n'ont pu, à aucune époque de leur splendeur, produire un art comparable, même de loin, à celui
des Italiens, ni une littérature poétique qui approchât
de celle des Espagnols. (*Id.*, p. 100.)

Il nous est impossible de reconnaître les véritables
facultés du peuple français ; il s'est tellement dépouillé
de ses aptitudes, au moins dans ce qui se passe pour sa
« civilisation », que nous ne sommes plus en état de déterminer ce qu'il serait sans cette métamorphose. (*Id.*,
p. 101.)

Mais « l'adolescent allemand » dont nous parlons
n'était pas homme à avoir besoin des « faveurs du prince »
à la manière d'un Racine et (d'un) Lully. (*Id.*, p. 109.)

Il (« l'adolescent allemand ») prouva sa noblesse au
monde. Au chant de *Lyre et Epée* il gagna des batailles.
Stupide, le César Gaulois dut se demander pourquoi il
ne parvenait plus maintenant à vaincre. Peut-être n'y
a-t-il sur les trônes de l'Europe que son neveu qui sache
répondre à cette question avec une véritable circonspection : il connaît et redoute l'adolescent allemand. (*Id.*,
p. 109 et 110.

Seule la Prusse conserva une organisation militaire,
née de la période d'essor de l'Allemagne ; avec ce dernier vestige de l'esprit allemand, partout ailleurs disparu, la couronne de Prusse, un demi-siècle plus tard,
gagna la bataille de Kœniggretz, à l'étonnement du
monde entier. L'effroi que cette bataille inspira, dans
tous les conseils de guerre de l'Europe, fut si grand, que
le général français le plus en vue en conçut le désir

anxieux de former quelque chose comme cette *Landwehr*, de son armée si fameuse à bon droit. Nous avons vu naguère comment le peuple français tout entier se raidit contre cette idée. C'est donc que la civilisation française n'est pas parvenue à faire ce que l'esprit allemand foulé aux pieds a créé si rapidement et avec tant de stabilité : une véritable armée du peuple. Elle emploie, pour y suppléer, de nouveaux fusils, des canons d'infanterie, et (des canons) se chargeant par la culasse. Comment la Prusse y répondra-t-elle ? De même, par le perfectionnement de l'armement, ou bien par l'utilisation de ses forces vives et dont nul autre peuple ne saurait tirer parti pour le moment ? Un grand changement s'est opéré, depuis cette mémorable bataille, à la veille de laquelle on avait célébré le cinquantenaire de la fondation de la Burschenschaft allemande ; une décision d'une importance immense s'impose : il semble presque que l'empereur des Français en comprenne la gravité plus profondément que les gouvernements des princes allemands. Un mot du vainqueur de Kœniggretz, et une nouvelle force figure dans l'histoire, contre laquelle la civilisation française pâlit à jamais. (*Id.*, p. 113 et 114.)

Un jugement de Voltaire, qui dénigre ses compatriotes comme un mélange de singes et de tigres, nous semble d'une grande utilité pour compléter l'analogie tirée tout à l'heure du domaine de la physiologie... C'est un fait évident que le peuple français s'est distingué de bonne heure des autres peuples de l'Europe, principalement par deux traits typiques : il est gracieux jusqu'à une souplesse niaise, surtout en sautant et en bavardant ; d'autre part, il est cruel jusqu'à la soif du sang, rageant et bondissant sous l'attaque. (*Id.*, p. 160.)

Jamais une pièce ne fut écrite pour la scène française avec une tendance ou un sens idéal. (*Id.*, p. 161.

Après que sa femelle eut dansé à plusieurs reprises autour de la guillotine, — (je dis dansé, car rien ne se fait sans danser chez les Français) — et qu'il se fut lui-même abreuvé du sang des législateurs de sa culture (nous connaissons le vin d'honneur des septembriseurs parisiens) cet animal féroce ne pouvait être dompté qu'en étant lâché sur les peuples voisins. Marat,— le tigre, Napoléon — le dompteur de tigres : voilà le symbole de la France nouvelle. Mais sans théâtre, le tigre n'était pas apprivoisable ; le singe dut venir en aide au dompteur. Pendant des siècles, jusqu'à la révolution, le Français était connu comme le pire des soldats et, comme tel, bafoué surtout par les Allemands ; l'armée française, depuis lors, passe pour la meilleure. Nous savons que ce résultat a été acquis et qu'il est maintenu, d'une part, par une discipline qui broie tout sentiment individuel, de l'autre, par un heureux enchevêtrement des intérêts de la nature du tigre et de celle du singe. (*Id.*, p. 162 et 163.)

Quittons donc les Français, chez qui nous n'avions rien à découvrir que du théâtre et de la virtuosité théâtrale. (*Id.*, p. 164.)

Il est sans doute difficile de dire si ce perfectionnement a pour fondement un talent général des Français pour le théâtre, ou si tous les Français sont devenus des comédiens de talent par suite de ce raffinement conventionnel de la vie. (*Id.*, p. 165.)

Balzac, que les Français sont obligés d'admirer, mais qu'ils voudraient bien laisser dans l'ombre, nous fournit la meilleure preuve que la France ne pouvait conserver d'illusion sur le contenu horrible de sa culture et de sa civilisation qu'en s'aveuglant elle-même. (*Id.*, p. 188.)

La Prusse elle-même devra reconnaître et reconnaîtra que c'est l'esprit allemand qui, dans son élan contre la domination française, lui donna jadis la force qu'elle utilise aujourd'hui uniquement selon les lois de l'utilité... Donner à cet esprit — l'esprit allemand — dans l'ordre

politique allemand la base qui lui répond pleinement,
de sorte qu'il puisse se manifester librement et de façon
consciente au monde entier, mais c'est faire là tout
autant que si l'on fondait la constitution politique la
meilleure et la plus durable (*Id.*,p. 237 et 238, dernières
lignes. Certains paragraphes de la brochure de Wagner
auraient mérité d'être transcrits intégralement. Pour
me restreindre, j'ai dû les écourter et en passer plusieurs sous silence, notamment l'aperçu historique sur
Richelieu, le siècle de Louis XIV, etc. *Art Allemand
et Politique Allemande* est à lire d'un bout à l'autre.)

*De telles pages se passent de commentaires. On le
voit, M. Auguste Rodin avait raison quand, dans sa
réponse à mon enquête, il s'écriait : « Wagner a été trop
mêlé à nos affaires. »*

*J'arrive maintenant à la dénégation de M. Marnold
portant sur ma phrase : « Tous les abominables appétits
teutons qu'exalte et magnifie sa Tétralogie, soif de l'or,
soif du sang... réveilleraient des douleurs et constitueraient vis-à-vis de nos deuils pis qu'une offense, une
véritable inconvenance ». M. Marnold, lui, estime que
« la Tétralogie, loin d'exalter et de magnifier de tels
instincts, les stigmatise au contraire et les châtie avec
une logique implacable ». Qu'à la fin du drame, les
héros wagnériens aient tous expié leurs crimes, je n'en
doutai et n'en disconvins nullement. Mais je prétends
que tout au long des quatre volets de L'Anneau du
Nibelung, le puissant lyrisme de Wagner met en scène,
exalte et magnifie tous les mauvais instincts de sa race.
Paul Lindau le signala jadis de la sorte :*

Un jurisconsulte me fit remarquer hier que le poème
tombe sous l'application de presque tous les articles de
notre Code pénal. *L'Anneau du Nibelung* considéré au
point de vue juridique, voilà une idée qui ne m'était

pas venue ! Mais mon jurisconsulte avait raison: depuis la simple contravention jusqu'aux crimes dignes des plus grands châtiments, tout est dans *L'Anneau du Nibelung* !

Gnome, Géants, Hommes, Dieux se disputent l'or maudit et s'entre-tuent pour sa possession La mort de Siegfried, de Hagen, de tous autres ; le crifice de Brünnhilde et « la régénération du monde par l'amour » ; l'encrépusculement des dieux eux-mêmes n'effacent pas leurs forfaits. De même que la défaite prochaine et l'abaissement final de l'Allemagne impérialiste ne la laveront jamais des atrocités commises par ses boches au cours de cette guerre.

En parlant du génie unanimement reconnu et admiré de Wagner, je ne lui tressais pas « des couronnes prudentes », ainsi que M. Marnold l'insinue. J'ai toujours le courage d'écrire ma pensée. M. Marnold est aujourd'hui payé pour le savoir...

Cette réponse me procura l'occasion de rétablir la vérité par un article que j'ai considérablement augmenté pour en former le chapitre suivant de ce volume.

Juin 1916.

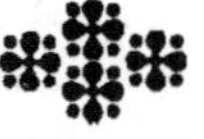

XI

WAGNER ET LES FRANÇAIS

BIGRE ! M. Poueigh n'est pas content. Il y a de quoi d'ailleurs. Ça n'est pas drôle d'être pincé la main dans le sac. Non, M. Poueigh n'est pas content, et il me le signifie avec une cruauté qui m'incite à un humble retour sur moi-même. Je dois en convenir, depuis plus de quinze ans que je suis au *Mercure*, sans oser caresser quelque présomptueuse ambition littéraire, je m'appliquais pourtant, je soignais mes articles, je faisais de mon mieux, — mais de ce mieux, hélas ! inconscient ennemi du bien sans doute, qui me satisfaisait de moins en moins à mesure que s'additionnaient les années. Aujourd'hui plus qu'hier, réduit, hélas encore, trois fois hélas ! aux résidus d'une ardeur qui s'éteint et d'une verve qui succombe, je le sens jusqu'au fond de mon indi-

gnité, je le déplorerai jusqu'à mon dernier souffle :
jamais il ne me fut ni me sera donné d'égaler, de ma
plume, au « style » de M. Poueigh, jamais je n'atteindrai, de ma lourdeur grossière, à « l'élégance » de son
esprit pas plus qu'à sa « délicatesse ». C'est trop évidemment évident, mais M. Poueigh est dur pour
ceux qui n'ont point son talent. Heureusement que
« *ce* qu'il pleut quand j'écris » portera peut-être
bonheur à mes lecteurs, induits ainsi à l'indulgence.
C'est une petite consolation.

Entre autres noms d'oiseaux, M. Poueigh m'appelle « eunuque » et c'est plus inquiétant : car
M. Poueigh, dont la fécondité musicale est mincissime, auquel le Ciel a refusé les joies de la paternité, et qui, au commencement de cette guerre, un
jour que je le rencontrai place de la Trinité, me confia
tristement être de corps débile et de santé flanchante,
M. Poueigh possède peut-être de particulières clartés
sur ce chapitre. En tous cas, outre le souci de me
rassurer quelque peu, la vérité m'oblige à constater,
en toute modestie, qu'oncques je ne remarquai chez
moi cette disgrâce amère ; que je ne me souviens pas
d'en avoir affligé aucune humaine créature d'un sexe
différent du mien, et je jure que je n'ai jamais couché
avec M. Poueigh. Mon physique, au surplus, paraît
préoccuper M. Poueigh. Il m'attribue plus loin une
« barbe d'ébène », mais il se trompe. Encor qu'au
menton d'un « eunuque », elle n'est pas de bois : elle

est d'argent ($2AzO^3Ag + K^2S = 2AzO^3K + Ag^2S$).
Chacun a ses petites faiblesses. J'en livre la formule
à M. Poueigh malgré qu'il n'en usera point, puisque,
par charité bien ordonnée, M. Poueigh se rase soi-
même au saut du lit tous les matins. Mes cheveux,
nonobstant, sont nature et, quoique de dix-sept ans
son aîné, j'en ai plus que M. Jean Poueigh. Que
voulez-vous, on ne peut pas accaparer toutes les infé-
riorités. Mais M. Poueigh m'adresse des reproches
plus graves et dont ma confusion est extrême. Il
demande véhémentement :

De cette tribune qui porte au delà des frontières,
M. Marnold prit-il le soin de faire savoir au loin que
l'état de guerre n'arrêtait pas notre activité artistique ?
A-t-il appris à l'étranger que nos grandes associations
de concerts avaient pu fonctionner cette saison avec
des programmes consacrés aux œuvres symphoniques
françaises ?

C'est vrai que je ne le fis point. A quoi ai-je pensé ?
Pardicu ! M. Poueigh a raison : j'ai dit même au contraire que pendant plus d'un an notre Opéra demeura
clos et n'entr'ouvrit ses portes qu'à deux spectacles
par semaine ; que nos « grandes associations de concerts » furent contraintes de fusionner pour indigence
d'éléments orchestraux et de public civil ; que, précisément « cette saison », elles avaient enrichi leurs
programmes de Haendel, de Mozart, de Beethoven

et de Schumann, et, quant aux « œuvres symphoniques françaises » qu'on y ouït, le *Mercure*, qui n'est pas un quotidien, ne relatant en principe et d'ordinaire que l'inédit, j'avoue que je n'y en rencontrai guère qu'il fût glorieux pour nous et les auteurs de signaler « à l'Etranger ». Toutefois, par ailleurs, il me semblait avoir parlé d'un « chef-d'œuvre », un *Trio* de M. Maurice Ravel. Mais c'est sans doute une illusion. Et M. Poueigh poursuit sans perdre haleine :

A-t-il rendu compte aux neutres des efforts répétés de notre Académie Nationale de Musique pour reconstituer des concerts historiques avec musique *française* du temps et pour faire entendre des fragments d'œuvres inédites de musiciens *français* contemporains, cependant qu'à l'Opéra-Comique les représentations ou reprises d'ouvrages *français* du répertoire assuraient la recette ?

Là, je suis plus à mon aise. Tout de même, M. Poueigh exagère en répondant à ses questions par un tranchant : « Rien de tout cela. » Si, j'ai « rendu compte », peut-être pas spécialement « aux neutres » et, certes, avec moins « d'élégance » et de légèreté de « style » que ne s'exprime M. Poueigh, mais enfin j'ai « rendu compte » ici de ce qui s'est passé à l'Opéra, sans néanmoins dissimuler la portion de musique *italienne* qui absorbait parfois la moitié des séances, — (M. Poueigh ne voudrait évidemment

pas que je mentisse,) — et, en ce qui concerne l'inédit, je renvoie M. Poueigh à l'observation ci-dessus.
C'est, en somme, mon droit de me taire, en ce moment, plutôt que de causer quelque peine à des
« jeunes » qui ont l'avenir devant eux. Pour l'Opéra-
Comique, il est réel que, n'y ayant pas été convié, je
n'ai point soufflé mot de la reprise de *Phryné* ; je
confesse avoir jugé superflu d'informer l'univers que
notre seconde scène lyrique continuait à jouer imperturbablement *Manon*, *Carmen*, *Werther*, *Mignon*
ou *les Noces de Jeannette*, et j'ignorais totalement que,
auprès de *la Traviata* et de *la Fille du Régiment*,
Paillasse, *la Tosca*, *la Vie de Bohême* et *la Cavalleria
Rusticana*, qui encombrèrent l'affiche, *Madame Butterfly* et *Madame Sans-Gêne*, qui s'y viennent de
joindre, fussent l'ouvrage de musiciens *français*. Je
remercie infiniment M. Poueigh de ce renseignement.
Mais M. Poueigh est sans pitié quand il termine :

Qu'importe à M. Marnold les destinées de la musique
française ? Tandis que tonne le canon de Verdun, M. Marnold entonne un los hyperbolique en l'honneur du plus
germanique de tous les musiciens *allemands*.

Cette fois le coup me transperce. Ma pauvre tête !
Ne me figurais-je pas avoir, à propos justement du
« Cas Wagner », rappelé à l'oublieux M. Saint-Saëns
qu'aux côtés de « M. Rabaud » quelques « Français
de France » honoraient dignement notre art sonore !

C'était une hallucination et je deviens maboule. Que « Debussy, Ravel, Fauré, d'Indy, Dukas, Schmitt, Roussel, Séverac » me pardonnent d'avoir omis de les défendre. J'atteste que j'en eus l'intention. Il est certain pourtant que je n'évoquai point M. Poueigh et c'est inexcusable, mais qu'il soit bien sûr que, quand paraîtra de lui quelque chef-d'œuvre, je ne manquerai pas d'en « dévoiler au monde les beautés », au lieu de rester muet (du Sérail) ainsi qu'il m'advint à l'égard de *Pelléas*, de *Pénélope* et de *l'Heure espagnole*.

Ce n'est qu'après ce préambule, où il se mêle, au demeurant, de ce qui ne le regarde pas, que M. Poueigh entre en matière. Et ici encore M. Poueigh commence par avoir raison. N'avais-je point imaginé d'invoquer l'autorité de M. Saint-Saëns pour traiter d' « inexactitude » l'affirmation de M. Poueigh de « la haine de Wagner envers la France » ! Le témoignage de M. Saint-Saëns ? « Ah ! le bon billet ! » comme dit M. Poueigh. Il y a bien longtemps que j'ai lu *Harmonie et Mélodie*, et il m'était sorti de la mémoire que, s'il y imprima, page 98 : « Représenter Wagner comme un ennemi acharné de notre pays est tout simplement absurde ; il ne hait que les gens qui n'aiment pas sa musique », M. Saint-Saëns, à la page 38, y avait écrit, en effet : « Richard Wagner déteste la France... » M. Saint-Saëns est décidément un mauvais témoin. Je l'abandonne à M. Poueigh qui, d'ailleurs, devra s'arranger avec lui. Car M. Saint-Saëns ne s'arrête pas là. Voici sa phrase entière, dont la fin échappa sans doute à la vue fatiguée de M. Poueigh : « Richard Wagner déteste la France, *mais qu'importe cela au mérite de ses œuvres ?* »

Mais M. Poueigh dispose à sa rescousse d'autres autorités que celle de ce Janus. Quoiqu'elles datent et se dispersent de 1876 à 1887, elles offrent du moins l'avantage de n'avoir ou de ne montrer qu'un visage, si quelques-unes ne brillent point par la notoriété ou le poids, en dépit d'un extrait de « Philarète Chasles ». Je serai reconnaissant toute ma vie à M. Poueigh de m'avoir révélé le nom de Mme ou Mlle Léonie Bernardini, et M. Victor Tissot ne serait-il pas l'auteur du *Voyage au Pays des Milliards ?* Quoi qu'il en soit, les opinions de ces « autorités » tiennent, en texte minuscule et serré, sept pages de la réponse de M. Poueigh. Il me serait aisé d'en remplir le double d'avis contraires provenant de la même époque, si riche en controverses de ce genre, et nous n'en serions pas plus avancés. Sans dédaigner éventuellement l'appui du « jugement d'autrui », que M. Poueigh veuille souffrir que j'en sois plus « ménager » que lui. Il ne s'agit pas de savoir ce que tels ou tels écrivains ont prétendu à ce sujet, mais s'il est exact ou « inexact » que Wagner ait eu « la haine de la France et le mépris de l'esprit et de l'art français. »

C'est donc Wagner qu'il faut entendre en personne, et, à la lecture du long laïus de M. Poueigh,
on est frappé de remarquer combien, au regard de
la virulence des interprétations ou commentaires de
ses dénonciateurs, les déclarations authentiques de
l'accusé, sitôt que M. Poueigh lui laisse la parole,
apparaissent soudain pour la plupart presque ano-
dines, pour le moins d'un tout autre ton, constituées
de considérations fréquemment objectives et assurément fort licites dans la bouche d'un étranger, ou
bien d'observations dont nous aurions bien dû tirer
profit, comme cette allusion à la « garde mobile »,
avec quoi le général Niel ébauchait alors ce qui fut
la « Nation armée » et est notre salut à l'heure actuelle. Sans pour cela qu'il nous haït ou méprisât,
Wagner avait assurément le droit de préférer aux
nôtres « l'art italien » dans son ensemble ou « la poésie
espagnole », et, sur les « faveurs du prince », on prie-
rait volontiers M. Poueigh de se reporter à l'*Essai
sur la société des gens de lettres avec les grands* de
d'Alembert. Mais, de plus, comme on vient de le
constater plus haut pour la phrase de M. Saint-Saëns,
il est prudent de se défier de ces citations tronquées,
qui ont parfois une tout autre allure accompagnées
de leur contexte. J'ai eu la curiosité de soumettre à
l'épreuve quelques-unes de celles de M. Poueigh, et
en voici le résultat, où je souligne les passages que
M. Poueigh a négligés :

Il doit y avoir une raison particulière pour laquelle les Français n'ont pu, à aucune époque de leur splendeur, produire un art comparable, même de loin, à celui des Italiens, ni une littérature poétique qui approchât de celle des Espagnols. *Peut-être l'explication de ce phénomène ressortira-t-elle d'une comparaison entre l'Allemagne et la France à l'époque du plus grand éclat pour celle-ci, du plus profond abaissement pour celle-là... C'est alors que Louis XIV et ses courtisans promulguèrent les règles de ce qui passerait pour beau, règles dont, en allant au fond des choses, les Français n'ont pu encore se débarrasser sous Napoléon III ; de là datent l'oubli de leur propre histoire, l'extirpation des germes d'une poésie nationale, la corruption de la poésie et de l'art importés d'Italie et d'Espagne, la transformation de la beauté en élégance, de la grâce en convenance.* Il nous est impossible de reconnaître ce qu'auraient pu produire d'elles-mêmes les véritables facultés du peuple français ; il s'est tellement dépouillé de ses aptitudes, au moins dans ce qui se passe pour sa « civilisation », que nous ne sommes plus en état de déterminer ce qu'il serait sans cette métamorphose. (*Œuvres en prose*, VIII, 100 /1.)

Ainsi qu'on voit, ce sont là considérations esthétiques d'un objectivisme assez marqué, qui pourraient être contresignées, non seulement par le Stendhal de *Racine et Shakespeare*, que par instants on croirait lire, mais par maints excellents Français qui estiment, et ont soutenu la thèse, que la Renaissance a faussé l'évolution naturelle de notre art

autochtone et, partant, de notre « civilisation ».
Les quelques extraits suivants de cet ouvrage de
Stendhal montreront que Wagner, bien probablement sans s'en douter, exprimait, en 1867, maintes
opinions professées, dès 1825, par un écrivain de
génie assurément « français » entre tous.

Tous les sujets de Louis XIV se piquaient d'imiter
un certain modèle, pour être élégants et de bon ton, et
Louis XIV lui-même fut le dieu de cette religion.(P. 27.)

Les vers italiens et anglais permettent de tout dire :
le vers alexandrin seul, fait pour une cour dédaigneuse,
en a tous les ridicules. (P. 26, en note.)

Du temps de Mme d'Epinay et de Mme Campan, il y
avait la manière approuvée et de bon goût de mourir,
de se marier, de faire banqueroute, de tuer un rival, etc.
Les lettres de Mme du Deffand en font foi. Il n'y avait
pas d'action de la vie, sérieuse ou futile, qui ne fût
comme emprisonnée d'avance dans l'imitation d'un
modèle, et quiconque s'écartait du modèle excitait
le rire, comme se dégradant, comme donnant une marque
de sottise. On appelait cela « *être de mauvais goût* ». Le
supplice du général Lally fut de *bon goût*. (P. 67 et 68.)

Nous n'avons que *déplacé* l'objet de notre culte ; au
lieu d'être à Versailles, il est sur le boulevard : la *mode*,
à Paris, remplace la *cour*. (P. 85.)

L'homme qui parle le langage noble est de la cour,
tout autre est *vilain*. Or les deux tiers de la langue, ne
pouvant être employés à la scène que par des *vilains*,
ne sont pas du style noble. (P. 110, citation de Laharpe.)

11

Racine a travaillé pour ce peuple, à demi étiolé déjà sous Louis XIV par le despotisme de Richelieu. Tous les gens éclairés savent ce que Richelieu a fait contre les lettres par l'Académie française. Ce prince des despotes inventa une douzaine de ressorts aussi puissants pour ôter aux Français l'antique énergie des Gaulois et couvrir de fleurs les chaînes qu'il leur imposa. Il fut défendu de peindre dans la tragédie les grands événements et les grandes passions ; et c'est Racine, le poète d'une cour efféminée, esclave, et esclave adorant ses chaînes, que les pédants veulent imposer à toutes les nations, au lieu de souffrir que l'Italien fasse des tragédies italiennes, l'Anglais des tragédies anglaises et l'Allemand des tragédies allemandes ! (P, 247.)

Que les Allemands fissent des tragédies allemandes, c'est là précisément tout ce que réclamait Wagner dans l'écrit en cause. Et, dans *La Fontaine et ses Fables*, Taine opinait du même bonnet que Stendhal en ces termes :

Voici enfin nos siècles classiques ; les mots familiers s'effacent, la langue s'ennoblit ; le théâtre prend pour public et pour modèles les gens de salon et les seigneurs. C'est la littérature de Versailles. Aujourd'hui nous avons la littérature de Paris ; la croyez-vous plus naturelle que l'autre ? (P. 59 et 60.)

On vit alors [sous Louis XIV] le spectacle le plus extraordinaire et le plus ridicule, la poésie séparée de la religion, dont elle est le fond naturel et l'aliment intime, un ciel païen introduit dans un monde chrétien, l'Olympe restauré, non par sympathie sensuelle comme à la Renaissance, ou par sympathie archéologique comme aujourd'hui, mais par convenance, pour remplir un cadre vide et ajouter une parade de plus à toutes celles dont ce siècle s'était affublé. Il y eut une sorte de jargon grec et latin convenable au même titre qu'une perruque ; on employa Apollon et les Muses comme l'hémistiche et la césure ; on mit en œuvre l'Amour et les Grâces comme les cédrats confits et les billets doux ; il y eut un dictionnaire mythologique comme un code du savoir-vivre, et les pauvres dieux antiques arrivèrent à cette humiliation extrême de servir de potiches et de paravents.

On ne voit vraiment guère en quel honneur nous devrions nous indigner de ce que nous trouvions chez Wagner des idées identiques à celles émises par un Stendhal et par un Taine. On peut ne pas les partager, les discuter, mais la qualité des esprits avec lesquels se rencontre Wagner, implique évidemment la légitimité de leur admission éventuelle dans une critique objective, en dehors de toute intention « de haine et de mépris ».

La comparaison des Français à « un mélange de singes et de tigres » paraît assurément plus difficile à digérer de prime abord. Quoique Wagner l'emprunte, je ne sais où, à notre Voltaire, il n'est guère niable qu'il ne la développe avec une complaisance assez acerbe. Cependant, quand on la replace dans

son cadre, elle revêt un aspect notablement différent
de celui d'une injure pure et simple ; elle arrive,
comme une sorte de conséquence, saisie au vol et
inspirée de Voltaire, de prémisses plutôt singulières.
Dans *Art allemand et politique allemande*, Wagner
échafaude une théorie esthétique où il oppose, par
assimilation parallèle, « le mime et l'artiste », « l'imitation et la reproduction », « le réalisme et l'idéalisme »,
et enfin « l'art français et l'art allemand ». Cette
théorie vaut ce qu'elle vaut, mais, si abstraite, pe-
sante et alambiquée que soit son élucidation ver-
beuse, il nous faut bien en admettre le point de dé-
part pour comprendre la pensée de Wagner. Or, au
chapitre VIII de cette étude, Wagner a l'idée un peu
abracadabrante de prolonger cette assimilation par
l'opposition analogue « du singe et de l'homme ».
Il le fait d'ailleurs avec énormément de précautions :

En indiquant entre le mime qui se borne à imiter et
l'artiste qui crée, qui reproduit réellement, un rapport
analogue à celui du singe à l'homme, nous n'avions rien
moins dans l'esprit que la pensée de vouloir jeter sur le
caractère du mime un discrédit quelconque... L'analogie
qui précède devient tout à fait lumineuse en ceci que,
notre descendance du singe admise, nous devons nous
demander pourquoi la nature n'a pas fait son dernier
pas de l'animal à l'homme en partant de l'éléphant ou
du chien, qui nous montrent pourtant des facultés infiniment supérieures à celles du singe ?... Il y a dans la

décision de la nature de choisir le singe pour faire le dernier et le plus important de ses pas, un mystère qui incite à de profondes réflexions... Après l'importance que nous venons ainsi d'attribuer à ce thème, nous osons espérer que nous ne nous exposerons plus à de fâcheux malentendus, lorsque nous rattacherons très sérieusement nos recherches ultérieures à cette analogie du singe avec l'homme. Nous croyons que si, dans cette analogie, nous ne perdons pas de vue le rapport entre la simple faculté artistique d'imitation et celle de reproduction de l'homme, nous aurons acquis ainsi une lumière très favorable pour éclairer les rapports entre le *réalisme* et l'*idéalisme*, dont on a tant parlé à la légère. (Œ., VIII, 156/7).

Et Wagner, dont les écrits théoriques n'eurent jamais rien de « léger », part de là pour une interminable enfilade d'explications et de déductions au cours de quoi on tombe tout à coup sur le fameux « jugement de Voltaire » qui lui « semble d'une grande utilité pour compléter l'analogie tirée tout à l'heure du domaine de la physiologie ». Et il enfourche impétueusement ce dada, il en poursuit la métaphore à travers notre histoire de Richelieu à Napoléon III, en passant par la cour de Versailles, Marat, les septembriseurs et Bonaparte. Car « le tigre bondissant et sautillant avec grâce », où Wagner reconnaît « le véritable fondateur de la moderne civilisation française », c'est Richelieu ; Richelieu, « qui dansait le ballet avec passion » et qui « s'y rendit si ridicule devant la reine de France qu'il en conçut une colère de tigre ». Et il continue en ces termes où je distingue en *italiques* le contexte encadrant deux citations de M. Poueigh :

Tel était l'homme devant lequel pas une tête en France n'était ferme sur ses épaules, et qui fondait dans le même temps la toute puissante Académie avec laquelle il contint l'esprit français dans des règles qui l'oppriment aujourd'hui d'une convention qui lui est tout à fait étrangère. Ces règles permettaient tout, sauf l'illusion de l'idéalité ; par contre, un raffinement du réalisme, un tout puissant enjolivement de la vie réelle, tel qu'il ne pouvait être obtenu que par la direction donnée à la nature simiesque que Voltaire attribue à ses compatriotes, pour imiter la vie de la cour. Sous cette influence, toute la vie réelle se constitua dans un sens théâtral, et le véritable théâtre se distingua de la vie réelle uniquement parce que, pour leur agrément mutuel, public et acteurs échangeaient de temps en temps leur place. — Il est sans doute difficile de dire si ce perfectionnement de la vie a pour fondement un talent général des Français pour le théâtre, ou si tous les Français sont devenus des comédiens de talent par suite de ce raffinement conventionnel de la vie. *Le fait réel est que tout Français est un bon comédien, de sorte que le théâtre français, avec ses traditions, ses singularités et ses exigences, a été simplement copié par toute l'Europe. Ce résultat serait sans danger pour l'Europe, s'il avait été possible à l'art dramatique en France de se rapprocher du véritable but du théâtre dans le sens élevé, en adoptant l'idéal du sculpteur et du poète.* Mais jamais une pièce ne fut écrite pour la scène française avec une tendance ou un sens idéal ; *le théâtre, au contraire, resta toujours voué à l'imitation directe de la vie réelle, ce qui lui était d'autant plus remarquablement facile que la vie elle-même n'était en retour qu'une convention théâtrale.* (Œ., VIII, 160/1).

Ici encore, on aperçoit combien, séparées de ce qui les entoure et les explique, les deux citations de M. Poueigh acquièrent une portée tout autre que celle qui est, en réalité, la leur, et combien aussi, en revanche, les observations de Wagner se rapprochent encore ici, jusqu'à sembler parfois les démarquer, des avis de Stendhal et de Taine. Jadis on pouvait faire pendre un homme avec deux lignes de son écriture, et rien ne fut jamais plus commode que de faire dire à un auteur ce qu'on veut avec des découpages de cette espèce. L'allégorie simio-tigroïdale provient d'un « jugement de Voltaire », qui suggéra très probablement même à Wagner le postulat baroquement « darwinien » dont elle découle. Elle scandalise M. Poueigh qui naquit à Toulouse ; moi qui suis Parisien à la quatrième génération, elle me ferait plutôt « rigoler ». Elle ne me paraît pas plus, chez Wagner, démontrer « la haine de la France » que sous la plume du châtelain de Ferney.

Car il importe de remarquer de quelle « civilisation française » Wagner cherchait à détourner ses compatriotes dans l'opuscule intitulé *Art allemand et Politique allemande*. Cette longue et indigeste dissertation fut écrite en 1867 et parut en 1868, sans d'ailleurs plus attirer l'attention en Allemagne que chez nous. Elle est dirigée contre l'influence, alors prédominante outre-Rhin, de la France politique et mondaine du SecondE-mpire, du Paris de Meyerbeer, d'Offenbach, de Thérésa, de « Mlle Rigolboche », du « Jockey-Club » et du « Grand 16 ». Elle combat surtout l'influence artistique et théâtrale du Paris de ce temps.

Nous possédons, sur ce que pouvait être cette influence, le témoignage d'un délicat lettré qui fut l'un de nos écrivains les plus purs. Dans une longue étude ayant pour titre « *De l'Epoque actuelle* », datée du 15 janvier 1858 et reproduite dans ses *Essais sur l'Histoire de la Littérature française* (p.117), J.-J. Weiss écrivait :

J'entends par ce mot de mœurs publiques, non pas seulement des actes, mais un ensemble de notions sur les choses de l'âme et du goût, qui sont comme l'air que respire une société. Tout ce qui est idéal est aujourd'hui méprisé.

Huit années plus tard, dans un volume qu'il appela *le Théâtre et les Mœurs*, le même J.-J. Weiss inséra un important article sur « *les Mœurs et le Théâtre en 1865* », qui avait paru à la *Revue des Deux Mondes*, le 1ᵉʳ février 1866, un an avant la rédaction de la brochure de Wagner. En voici quelques extraits :

Si l'on considère les principaux événements dramatiques de l'année 1865,... on n'a point lieu d'espérer que nous touchions encore au terme de la fâcheuse réaction qui s'est produite, au théâtre comme dans le roman, au lendemain de la révolution de 1852. Les poètes, les romanciers et les philosophes de l'époque précédente s'étaient fait de l'homme, de ses sentiments, de ses passions et de sa destinée en ce monde une idée peut-être un peu trop haute. Nous sommes bien descendus de cet empyrée. La sympathie pour notre espèce, ce que Gœthe, ce que Molière lui-même, devançant Gœthe d'une centaine d'années, appelaient si bien « l'humanité », tend à disparaître de notre littérature avec la croyance à l'idéal et la croyance au bon goût. Elle a, en tout cas, disparu à peu près complètement de notre théâtre... Quiconque s'est formé autrement que par la littérature du jour et voudra s'interroger au sortir de nos drames en vogue se sentira blessé au fond du cœur et atteint dans je ne sais quoi d'indéfinissable qui est ce qu'il y a de plus noble en nous. (P. 187 et 188.)

Au fond de l'art tel qu'on l'entend et qu'on le pratique actuellement, on trouverait un même phénomène qui est le fait saillant de l'histoire de notre société depuis quinze ans : le développement outré de l'esprit positi-

viste. Dureté des cœurs, brutalité des mœurs et des
œuvres de l'imagination, retrécissement des idées philo-
sophiques, vulgarité des maximes morales, tout nous
vient de là et tout nous y ramène. (P. 203 et 204.)

Rien ne donne mieux la mesure des inclinations d'une
société que les mœurs qu'elle supporte ou qu'elle re-
cherche au théâtre, alors même que ces mœurs ne seraient pas réellement les siennes. A ce signe, il est permis
d'affirmer que l'esprit et le caractère national subissent
en ce moment chez nous une altération sensible. (P. 210.)

Or, il ne faut pas oublier quelle valeur éducatrice
capitale Wagner attribuait à l'art théâtral. Dans *Art
allemand et Politique allemande*, il proclame nettement :

Il est indéniable que l'action la plus décisive de l'esprit de régénération en Allemagne fut exercée sur la
nation par la poésie dramatique au théâtre. (Œ., VIII,
116.)

C'est avant tout sur ce terrain que la publication
de Wagner était destinée à combattre une influence
qu'il estimait nocive. Elle constitue une sorte d'im-
broglio de politique et de dramaturgie, parsemé de
vues ingénieuses et, ainsi que le notait M. G. Servières cité par M. Poueigh, de « critiques très justes
au goût français », où Wagner conseille en somme aux
Allemands : « N'imitez pas les Français ; ils ont un
art à eux dont vous ne parviendrez, en le copiant,

qu'à la caricature. Soyez vous-mêmes. » N'était-ce pas fort légitime ? Et l'était-ce moins de chanter, à ces fins, les vertus de son peuple incarnées ou, plutôt, symbolisées par « l'adolescent allemand » ?

Il importe d'ailleurs de remarquer que cet « adolescent allemand », qui « gagna des batailles au chant de *Lyre et Glaive* », poésies patriotiques de Théodore Kœrner, était celui de 1813, et le « César gaulois » qu'il vainquit, Napoléon Ier. Les poésies de Kœrner sont à cette époque, comme prétexte, intentions et, même, qualité, l'exact pendant de celles de Déroulède après 1870. Et, cet « adolescent allemand », Wagner s'en sert ici comme d'un reproche à l'aristocratie régnante de son pays. Il s'écrie :

A quelle société et à quel Etat eussent pu aboutir les princes allemands s'ils avaient compris l'esprit de cette jeunesse de leurs peuples et l'avaient orientée avec sympathie vers des aspirations élevées, c'est ce qu'on ne saurait certes estimer assez haut ni se représenter sous d'assez belles couleurs. (*Œ.*, VIII, 112.)

Et il tance ces princes germaniques de ne point favoriser un art national et de se ridiculiser par leur parisiomanie.

Au siècle dernier nous voyons en rougissant que des princes allemands furent captivés et éloignés du peuple allemand par des danseuses françaises et des chanteurs italiens, à peu près comme, de nos jours, des princes nègres sont séduits par des verroteries et des mirlitons...

Et il souligne ce passage :

La civilisation française est née sans le peuple, l'art allemand sans les princes : la première ne peut arriver à aucune profondeur parce qu'elle ne fait que recouvrir le peuple, sans lui entrer au cœur ; le second, au contraire, manque de puissance et de perfection aristocratique, parce qu'il n'a pas encore pu ouvrir les cœurs des souverains à l'esprit allemand. (Œ., VIII, 104.) (¹)

Et, plus loin :

Nous avons vu récemment Mlle Rigolboche, un être qui ne se comprend qu'à Paris, exécuter les danses pour lesquelles elle est spécialement engagée, là-bas, par des entrepreneurs de bals publics, pour animer les lieux de divertissements les plus décriés, fréquentés par les passants, appelée à danser sur un théâtre de Berlin qui l'annonçait en grande vedette, comme « danseuse de

---

(¹) Sans doute encore à son insu, Wagner ici, et cette fois mot pour mot, se rencontre de nouveau avec Taine : « Il est rare en France de rencontrer un grand écrivain qui soit populaire. Ordinairement ceux qui sont populaires ne sont point grands, ceux qui sont grands ne sont point populaires. La séparation est profonde chez nous entre la culture et la nature... *Nous n'avons qu'une civilisation artificielle, qui nous recouvre sans nous pénétrer.* » (*La Fontaine et ses Fables*, p. 56).

cancan » parisienne ; un haut personnage de la haute
aristocratie prussienne, habitué à prodiguer ses attentions au monde artistique, a été honoré de la conduire
dans sa voiture. Cette fois, la presse française nous a
quelque peu fustigés ; avec juste raison, le sentiment
français s'est récrié sur cette manière de produire la
civilisation française sans les *convenances* françaises.
(*Œ.*, VIII, 124.)

. Plus tard, en 1871, dans ses *Souvenirs sur Auber*,
duquel il admirait *la Muette* avec un déconcertant
enthousiasme, il écrira en reprenant sa thèse :

Depuis deux cents ans, le goût français, c'est-à-dire
l'esprit de Paris et de Versailles, a été le seul ferment
créateur de la culture européenne ; car, si le génie d'aucune nation n'a pu créer de nouveaux types d'art, l'esprit français, du moins, a produit encore la forme extérieure de la société, et, jusqu'à nos jours, le costume à la
mode... Rien ne nous montre mieux que les Français
sont le peuple souverain de la civilisation actuelle que le
fait que notre fantaisie sombre aussitôt dans le ridicule,
quand nous nous imaginons que nous n'avons qu'à
vouloir pour pouvoir nous émanciper de leur mode.
Nous reconnaissons immédiatement qu'une « mode allemande », mise en opposition à la mode française, serait
quelque chose de tout à fait absurde. (*Œ.*, X, 105-106.)

Bref, le souhait et le but de Wagner était de libérer
de la tutelle française ou, plutôt, « parisienne » de

l'époque, l'art de son pays et tout spécialement son théâtre, dont il « dénonce la décadence ». Et c'est cette hantise qui l'amène à rédiger *Une Capitulation*. « Ce sera une parodie des parodies d'Offenbach. », écrivait-il à Richter auquel il demandait d'en composer la musique. Et, en effet, ce « vaudeville bon enfant, mais sans gaîté », ainsi que le qualifie M. Vincent d'Indy, est fabriqué sur le modèle des livrets coutumiers à l'auteur de *La Vie Parisienne*. S'il est tout aussi bête, il n'est pas plus méchant. Il fut achevé par Wagner en octobre 1870 et Paris ne capitula qu'en janvier 1871. La *Capitulation* dont il s'agit, — comme M. Vincent d'Indy l'a montré dans une conférence reproduite, le 12 juin 1915, dans *la Renaissance* où M. Poueigh put la connaître, — est celle « *des directeurs des théâtres allemands* qui, dédaignant l'art de chez eux, se ruaient à Paris pour arracher des pièces aux auteurs parisiens en vogue ». Le titre en est tiré, comme le signala M. Prod'homme dans la *Revue de Hollande*, d'une réplique de Gambetta qui, interrogé par le chœur s'écriant : « Et les Allemands ? » répond : « Ils sont avec les autres peuples. *Ils ont capitulé* et ne cachent pas leur joie de pouvoir reparaître dans nos théâtres. » La pièce se termine par un chahut à la Offenbach et, « pendant cette danse finale », indique le livret, « des attachés des différentes ambassades européennes et exotiques sortent de plus en plus nombreux du trou du souffleur ; *les intendants des grands théâtres alle-mands* les suivent et ils dansent avec les ballerines si gauchement qu'ils se font moquer d'eux par le chœur ».

Tel est le dénouement de cette *Capitulation,* qui devint et continue d'être la catapulte des wagnéro-phobes. Si on ajoute que, *écrite en octobre 1870,* cette fumisterie ne fut *publiée qu'en 1873,* et non *pas en brochure,* mais perdue dans le IXe volume des œuvres littéraires de Wagner où il fallut aller la dénicher, on mesurera la bonne foi — ou la documentation — de ceux qui s'en servent encore comme d'une insulte sauvage à Paris affamé et « bombardé ». Enfin, dans ce volume compact où, pour la première fois, on put la lire en 1873, elle est préfacée d'une introduction dont voici les passages essentiels :

Dès le début de l'investissement de Paris par les armées allemandes, vers la fin de l'année 1870, *j'appris* que l'esprit des auteurs dramatiques allemands *s'exerçait* à exploiter pour les scènes populaires les embarras de nos ennemis. Comme les Parisiens s'étaient, avant même le début de la campagne, réjouis par anticipation de notre défaite, prévue avec certitude, je pouvais trouver la chose si peu choquante, que je nourris l'espoir qu'il arriverait bien enfin à quelques bons esprits de se montrer originaux en traitant à la manière populaire des objets de ce genre, alors que jusqu'ici, même dans les couches les plus profondes de notre théâtre populaire, tout de-

meurait dans de mauvaises imitations des inventions
parisiennes...

Si je fais connaître maintenant à mes amis le texte de
cette farce, ce n'est certes pas pour rendre encore par
surcroît les Parisiens ridicules. Le seul côté que mon
sujet mette en lumière, chez les Français, n'est autre que
celui qui nous faisait, nous autres Allemands, nous
rendre, en vérité, par reflet, plus ridicules qu'eux-mêmes,
tandis qu'ils se montrent toujours originaux dans toutes
leurs folies, nous, en les imitant d'une façon ignoble,
nous tombons au-dessous du ridicule.

J'ai souligné quelques mots de la première de
ces citations, que je certifie conforme au texte allemand (IX, p. 3), afin qu'on lui puisse comparer celle
imprimée par M. Poueigh, d'après M. Victor Tissot,
et que voici :

Vers la fin de l'année 1870, *pendant le bombarden nt
de Paris*, écrit-il dans la préface du neuvième volume de
ses *Œuvres complètes, je pensais* que nos écrivains dramatiques *exerceraient* leur verve, dans des pièces populaires, sur les embarras de nos ennemis.

M. Poueigh déclarait « qu'il se serait abstenu de
me répondre si mes arguments étaient toujours étayés
par des documents puisés aux sources de la plus
minutieuse exactitude ». On peut juger de la valeur
des « preuves » que son démenti « m'administre ».

M. Poueigh a d'ailleurs une manière à lui de citer. Comme j'ai dû le faire jusqu'ici, je reproduis les assertions à propos desquelles il me fouaille, en soulignant toujours en *italiques* ce que M. Poueigh en retrancha.

Wagner eût pu nous insulter et nous haïr sans cesser d'être le prodigieux génie dont le respect s'impose à nous comme à tout l'univers. Or, il ne l'a point fait : ceux qui le prétendent ignorent ce dont ils parlent ou sont des imposteurs. Il eut toujours, bien au contraire, un faible, une attirance à notre égard ; *il n'a jamais manqué de nous rendre justice, et même avec chaleur et émotion, chaque fois qu'il en rencontra des prétextes, et il faut bien avouer que, musicalement, ils étaient plutôt rares de son temps. Si certes il nous critiqua, — (dame ! on n'est pas parfaits...) — la citation de M. Ch.-H. Hirsch, dans le* Mercure *du* 1er *janvier, démontre que ses jugements sur ses compatriotes n'étaient pas moins cruels que ceux qu'il a portés à notre endroit.*

Voilà ce que j'ai écrit et dont je prends la responsabilité. Et, comme c'est « la vérité », la preuve m'en est bien facile. Ce ne seront pas M. Tissot ni Mme Bernardini qui répondront pour moi, mais les actes et les paroles mêmes de Wagner.

En 1839, Wagner fut attiré par Paris comme le papillon par la lumière. Chef d'orchestre inconnu à Magdebourg et à Riga, le goût perverti par le réper-

toire qu'il lui fallait y diriger, détourné des classiques
par la médiocrité des exécutions allemandes, il venait
à Paris avec, sur le chantier, un opéra dans le style
italien dont il espérait récolter « le succès » et la
fortune. *Une Communication à mes Amis*, publiée
en 1851, douze ans après, nous renseigne sur son état
d'âme à ce moment :

> Quand j'assistais, ce qui du reste n'était pas très fré-
> quent, aux brillantes représentations du Grand-Opéra,
> montait en moi une ardeur orgueilleuse qui m'exaltait
> jusqu'à l'envie, jusqu'à l'espérance, jusqu'à la certitude
> même d'y pouvoir triompher un jour : faire servir cette
> splendeur à traduire une intention artistique susceptible
> de déchaîner l'enthousiasme m'apparaissait comme le
> point culminant de l'art, et je ne me sentais pas le moins
> du monde incapable d'y atteindre. (*Œ.*, IV, 48/9.)

Cette vision prophétique ne devait pas se réaliser
de son vivant. Au lieu de cela, dans cette capitale
européenne du théâtre, l'auteur de *Rienzi* ne trouva
que des déboires, mais, en revanche, nos concerts du
Conservatoire lui révèlent le génie de Beethoven,
qu'alors il méconnaissait ; il y « éprouve une émotion
d'autant plus profonde qu'elle était inattendue », et
qui « l'initie de nouveau aux merveilleux secrets de
l'art véritable ». Il proclame : « Celui qui veut connaître à fond la *Neuvième Symphonie* de Beethoven
doit l'entendre exécutée par l'Orchestre du Conser-

vatoire de Paris. » (*Œ.*, 27.) Et, dans *Ma Vie* (I, 294),
il ajoute :

> La période décadente de mon goût, qui avait précisé-
> ment commencé par le trouble où m'avait jeté l'exécu-
> tion [en Allemagne] de l'œuvre de Beethoven et qui
> s'était malheureusement développée pendant mon insi-
> pide carrière de directeur de théâtre, prit fin dans la
> honte et le repentir.

Il entend *Roméo et Juliette* de Berlioz et « un
monde nouveau s'ouvre pour lui ». Dans *Ma Vie*,
dictée trente ans plus tard à sa femme Cosima, après
les articles haineux dont Berlioz avait salué ses
concerts de 1860 et la joie qu'il avait affichée à la
chute de *Tannhaeuser*, Wagner redit son admiration
émue pour la *Symphonie funèbre et triomphale* et
conclut : « Je compris alors la grandeur et l'énergie
de cette nature d'artiste incomparable, unique au
monde. »

Redevenu chez nous « musicien » et pur artiste, il
y prend enfin, par surcroît, conscience de son propre
génie. Il compose à Meudon *le Vaisseau-Fantôme* en
sept semaines. Ce sont là des choses qui ne s'oublient
pas. Aussi, malgré ses déceptions, ses irritations, ses
dégoûts, qu'il formula parfois avec la vivacité impul-
sive naturelle à son tempérament, Paris conservera
pour lui l'attrait presque invincible de ces souvenirs
de jeunesse exubérante et passionnée. Il y revient

en 1850, exilé, et dans l'assez manifeste dessein de
s'y établir et d'y créer son œuvre. Il écrit à Liszt,
de Zurich, le 5 décembre 1849 :

La question que j'ai à résoudre à l'égard de Paris
m'est devenue claire ; la voici : rester immuablement
fidèle à mes aspirations personnelles et, cependant, dans
ce que j'entreprends et fais, avoir toujours Paris en vue...
demeurer ce que je suis, et, en tant que tel, me proposer
sans ambages de parler intelligiblement aux Français.

Il s'aperçut bien vite de l'incompatibilité essentielle qui séparait son art de celui qui régnait alors
sur nos scènes lyriques, et ne lui en interdisait pas
moins l'accès que les intrigues de la presse et des
milieux théâtraux sournoisement entretenues par la
jalousie de Meyerbeer flairant un rival. Il partit donc
bientôt, cruellement détrompé, et néanmoins, peu
après, de Zurich, le 2 octobre 1850, après avoir relaté
quelques appréciations allemandes sur ses ouvrages,
il écrivait encore à Liszt :

Combien je me suis réjouis, au contraire, de voir un
Français, qui est tellement plus loin de moi, utiliser tes
indications pour une étude aussi compréhensive que
celle de Nerval, dans le feuilleton de *la Presse*. Il y a
maintes erreurs là-dedans, mais cela n'importe guère au
fond. Nerval n'en a pas moins su se faire et exposer
d'après toi une image de mon art clairement et nette-

ment conforme à mes idées. — Ah ! le plus terrible c'est
un littérateur allemand bel esprit !

Il nous revient en 1853, sans but précis, pour le
plaisir d'être à Paris en compagnie de Liszt qu'il y
appelle, la même année, de Saint-Moritz :

Dis-moi, cher Liszt, as-tu définitivement renoncé à
aller à Paris ? Un rendez-vous avec toi là-bas me serait
pourtant bien plus agréable qu'au milieu de la trivialité
de Bâle.

Et voici l'un des traits que, dans *Ma Vie* (III, 89),
il rapporte de ce voyage :

Une impression des plus stimulantes, et presque comparable à celle que m'avait produite jadis la *Symphonie
avec chœurs* au Conservatoire, fut celle que je ressentis
à l'audition des quatuors en *mi* ♭ et en *ut* ♯ mineur de
Beethoven, à laquelle nous avions été invités par la Société des Quatuors Maurin-Chevillard. A ma très heureuse surprise, je reconnus de nouveau les avantages
énormes du zèle intelligent par lequel les Français se
rendent maîtres des trésors d'une musique qu'en Allemagne on traite encore si brutalement. A Paris seulement, j'appris à connaître vraiment le quatuor en *ut* ♯
mineur, et, pour la première fois, je compris clairement
sa mélodie. Ce séjour à Paris ne m'eût-il laissé que cet
unique souvenir, celui-ci eût suffi pour me rendre cette
époque inoubliable.

En 1859, réfugié à Venise après la crise douloureuse qui l'avait obligé de quitter Mathilde Wesendonck et d'abandonner « l'Asile », c'est encore vers
Paris que se dirigent ses pensées, et de nouveau avec
la velléité d'y élire pour toujours domicile. Il écrit
à Liszt, le 23 février :

Ton conseil de m'établir durablement à Paris, au cas
où l'Allemagne me demeurerait fermée, concorde absolument avec mes propres intentions... Je ne puis supporter
plus longtemps cette ambiance de torpeur. Le manque
de toute excitation extérieure à la vie et à l'action me
ruine la santé. Paris est le séjour fixé pour moi par le
destin.

Et de Lucerne, le 19 août 1859 :

Je ne puis rien te dire sur mon sort. Je ne sais encore
de quel côté je me tournerai. Mon désir est de choisir
Paris pour résidence — en y vivant d'ailleurs tout à fait
retiré.

Il y arrive donc en janvier 1860. Il devait y rester
plus d'un an, et il faut lire, dans son autobiographie,
le récit de ses relations cordiales avec Foucher de
Careil, Champfleury, Baudelaire, Villot, Gustave
Doré et même aussi M. Saint-Saëns, alors en son
vingt-cinquième printemps. C'est ici que se place,
après le four de ses concerts de 1860, l'aventure de

Tannhaeuser tombé sous la cabale des membres du Jockey-Club qui, expliquait gravement à Wagner le Ministre d'Etat, comte Walewski, « ne dînant qu'à huit heures et n'arrivant au théâtre qu'à dix », exigeaient « un ballet au milieu du second acte ». Et c'est en les termes suivants que, dans un compte rendu pour l'Allemagne, publié dans le supplément de la *Deutsche Allgemeine Zeitung* du 7 avril 1861, Wagner en exprima sa rancune à l'égard des Français :

A ce qu'il me semble, vous avez été, sur le caractère de cette représentation, tenu intentionnellement dans l'erreur jusqu'à présent, et vous auriez grand tort d'en tirer, en général, une appréciation du public parisien flatteuse pour le public allemand, mais injuste en vérité. Je persiste, au contraire, à attribuer au public français des qualités très agréables, notamment une compréhension très vive et un sentiment de la justice véritablement magnanime. Un public, je dis : un grand public, duquel je suis personnellement inconnu, qui a appris journellement, sur moi, par les journaux et les bavardages des oisifs, les choses les plus absurdes, et qu'on a travaillé contre moi avec une rage presque sans exemple, voir ce public, prodiguant à plusieurs reprises, et pendant des quarts d'heure, d'épuisantes manifestations enthousiastes, se battre contre un clan pour moi, cela devait me toucher chaleureusement, eussé-je été l'homme le plus indifférent du monde. (Œ., VIII, 16).

La chute de ses espérances était cependant profonde. Avant la représentation, en effet, dans une lettre privée, il mandait à Wesendonck, le 20 octobre 1860 :

> On répète à l'Opéra *Tannhaeuser*... Dans aucun théâtre, je n'ai encore trouvé une ponctualité pareille et des soins si minutieux consacrés à chaque détail... Je déclare hautement que je n'ai encore jamais été à pareille fête et qu'en Allemagne cela ne m'arrivera certainement jamais.

Le 13 septembre, dans une lettre qu'il faudrait citer tout entière et où c'est lui qui souligne, il avait écrit à Liszt :

> Pour l'instant, je suis tout à mes plans parisiens qui me détournent heureusement de songer à ma misère allemande à venir. Je ne sais quels bruits vous sont parvenus de soi-disant difficultés qui me seraient opposées : ils partent peut-être d'une bonne intention, mais n'en sont pas moins erronés. *Jamais encore les moyens d'une exécution parfaite n'ont été mis à ma disposition d'une façon aussi complète et absolue* que cette fois à Paris pour la représentation de *Tannhaeuser* au Grand-Opéra... C'est avec un véritable dégoût que je pense maintenant à l'Allemagne et aux entreprises que j'y avais projetées... Crois-moi, nous autres, nous n'avons pas de patrie...

En 1862, enfin, il est de nouveau dans nos murs à

l'Hôtel Voltaire, et voici l'un des témoignages « de haine et de mépris » qu'il en consigne longtemps après dans son autobiographie (III, 359) :

Le séjour que j'ai fait cette fois à Paris a laissé dans ma mémoire un souvenir de véritable bien-être. La raison en est que chaque jour je pouvais enrichir mon manuscrit des *Maîtres-Chanteurs* de vers nombreux et satisfaisants. Comment aussi ne pas être de bonne humeur, lorsqu'en levant les yeux de mon papier, pour réfléchir à mes divertissantes rimes et sentences, j'apercevais de mon troisième étage le fourmillement humain qui animait les quais et les nombreux ponts de la grande cité ; et plus loin les Tuileries, le Louvre et l'Hôtel de Ville !

Pour finir, qu'on veuille savourer ce chapelet de citations dont je marque, avec l'origine, la date de publication :

Gluck et Mozart, de même que les très rares compositeurs qui sont leurs proches, — parmi lesquels il faut compter notamment les maîtres de l'école française du commencement de ce siècle, — nous servent, sur l'océan morne et ténébreux de la musique d'opéra, d'astres conducteurs solitaires... (1850 — *Œ.*, III, 175.)

Définissons en deux mots le malaise dont souffrent presque jusqu'à la ruine tous les théâtres de l'Europe : il provient de ce que, à la seule exception des premiers théâtres d'opéra italien, *il n'existe d'autres théâtres ori-*

ginaux que ceux de Paris ; tous les autres n'en sont que des copies. Paris, est, entre les exceptions que je viens de citer, la seule ville au monde où ne soient représentées que des pièces écrites et disposées dans leur ensemble uniquement pour la scène où elles se jouent... (1851 — Œ., VII, 35.)

Il n'arrive que de loin en loin dans la vie publique anglaise et française que l'on parle de « vertus anglaises », « françaises » ; au contraire, les Allemands ont coutume de vanter à tout bout de champ la « *profondeur allemande* », le « sérieux allemand », la « fidélité allemande » et autres choses du même genre. Par malheur, il est patent qu'en la plupart des cas cette évocation n'est pas absolument fondée... (1878 — *Ges. Schr.* X., 37.)

Une excellente interprétation des *Maîtres-Chanteurs* par le *Hoftheater* de Munich y reçut l'accueil le plus chaleureux. Mais il est singulier que ce furent quelques spectateurs *français* qui y assistaient, qui reconnurent avec une grande vivacité l'élément populaire de mon œuvre et le saluèrent comme tel : rien, au contraire, ne trahit une impression semblable sur la partie du public munichois que j'avais eue surtout en vue... (1879 — G. S. X., 120.)

Mes festivals de Bayreuth ont été jugés par les Anglais et les Français avec plus de justesse et d'intelligence que par la grande majorité de la presse allemande. Je crois devoir attribuer ce fait à ce que le Français et l'Anglais cultivés sont préparés par leur culture personnelle et originale à reconnaître précisément ce qui est personnel

et original dans une œuvre de culture à eux jusque-là
étrangère. (*Lettre ouverte à Gabriel Monod*, 1876.)

En 1879, causant avec Heinrich von Stein, Wagner
proclamait carrément que « de toutes les grandes
villes, il n'aimait que Paris ; que Paris seul l'avait
intéressé », et il ne cachait pas son « chagrin » de ce
que les transformations de notre capitale eussent
entraîné la destruction de certaines « vieilles rues,
qu'il connaissait si bien ». L'année suivante à Naples,
en 1880, la conversation ayant évoqué *Tannhaeuser*,
il rappela avec chaleur la manière dont « le public
français avait magnifiquement combattu pour lui »,
mais ajoutant que « la lutte était impossible contre
les « Jockeys », contre ce Club dont les Ambassadeurs
allemands s'honoraient de faire partie ». Et il s'em-
portait âprement contre « la grossièreté brutale de
cette société mondaine qui se pique d'une politesse
si raffinée », et dont il distinguait formellement,
comme on voit, le véritable « public français ».
(*Glasenapp*, VI, 280, 303.)

En 1850, le proscrit Wagner déclarait, dans
l'Œuvre d'Art de l'Avenir : « Des deux moments capi-
taux du développement de l'humanité, — celui de
la Race et de la Nationalité d'une part, de l'autre
celui de la Non-nationalité et l'Universel — c'est
vers l'accomplissement du second que nous mar-
chons » (*G. S.*, III, 61). En 1860, dans sa lettre à

Liszt, il s'écriait : « Crois-moi : nous autres, nous n'avons pas de patrie... » Au soir de sa vie, après avoir rêvé d'une « renaissance allemande », le grand artiste désillusionné écrivait, en 1880, à Hans von Wolzogen : « Il fait sombre dans mon cœur d'Allemand, et je pense de plus en plus à quitter, moi et les miens, l'Empire allemand pour l'Amérique. Mais il doit y avoir d'abord *Parsifal*. » Il donna, en effet, *Parsifal* en 1882, et mourut le 13 février 1883 à Venise.

On accordera que Wagner constituerait un « pangermaniste » au moins singulier. A la lecture des pages qui précèdent, on reconnaîtra peut-être qu'il n'était rien moins qu'excessif de taxer d'*inexactitude* l'affirmation de « la haine de Wagner contre la France, de son mépris pour l'art et l'esprit français », et d'avancer *qu'il n'a jamais manqué de nous rendre justice chaque fois qu'il en rencontra des prétextes.* On a même dû se convaincre, avec *Tannhaeuser*, qu'il le fit en des circonstances où on n'aurait guère pu lui en vouloir s'il s'en était privé.

Tout ceci dit et montré, au surplus, simplement en hommage à la vérité, et afin d'éviter que peut-être « il reste quelque chose » de certaines sortes d'assertions. En somme, Wagner nous a jugés librement, comme c'était son droit, mais avec une objectivité évidente. Il estima que, dans le domaine de la dramaturgie lyrique qui était le sien, l'influence de notre

art classique du XVIIe n'était pas moins stérile que
néfaste celle du théâtre parisien de notre Second-
Empire, et certes il n'avait pas tort. C'est une chance
pour nous et pour lui qu'il n'ait pu s'établir à Paris
et travailler à l'intention de notre « Grand-Opéra ».
L'exil fut un bienfait pour Wagner en affranchissant
de force son génie de toutes contingences. Et ce
génie devançait de trop loin son époque pour que,
où qu'il vécût, et dans sa propre patrie comme
ailleurs, Wagner ne se sentît isolé parmi les hommes.
Son idéal d'artiste était trop haut pour qu'il n'y fût
souvent froissé ou ulcéré. De là ses dégoûts, ses
colères dont, en réalité, nous eûmes une bien moindre
part que ses compatriotes eux-mêmes.

Car l'Allemagne qu'il incarnait dans « l'adolescent
allemand » n'était que celle de son rêve. La véritable
le repoussa jusqu'au bout. En 1865, à Munich, c'est
la population tout entière qui, littéralement, le chassa.
Bayreuth eût avorté faute de souscripteurs sans le
secours du roi Louis II duquel l'appui seul le sauva.
L'hostilité de notre « Tout-Paris » louisnapoléonien,
les manigances de nos coulisses et les manœuvres
des concurrents, il les retrouvait outre-Rhin avec
l'indifférence ou l'aversion des puissants, les ma-
quignonnages du théâtre, les coteries de la critique
et des écoles adverses, mais tout cela doublé de l'apa-
thie de son peuple, sans « la vivacité compréhensive
et l'enthousiasme magnanime » de ce « public fran-

çais » dont il garda le souvenir ému jusqu'à son dernier jour.

J'en arrive à l'allégation de M. Poueigh des « *abominables instincts qu'exalte et magnifie la Tétralogie wagnérienne, soif de l'or, soif du sang...* », à propos de quoi j'hésitais « si c'était le coup de pied de l'âne ou bien l'application de la maxime illustre de Basile ». Il paraît que ce n'était ni l'un ni l'autre. M. Poueigh avoue — (« N'avouez jamais ! » opinait Avinain) — « qu'il ne douta et ne disconvint nullement qu'à la fin du drame les héros wagnériens aient tous expié leurs crimes ». Mais M. Poueigh n'en « prétend » pas moins « que, *tout au long des quatre volets de l'Anneau du Nibelung*, le puissant lyrisme de Wagner met en scène, exalte et magnifie tous les mauvais instincts de sa race ».

Le *distinguo* est subtil et ces Messieurs du « Caousou » en apprécieront « l'élégance ». On pourrait soutenir ainsi que *Phèdre* autant qu'*Œdipe Roi*, que n'ignore point M. Poueigh, « exalte et magnifie » l'inceste, *Tartufe*, que M. Poueigh connaît sans aucun doute, l'hypocrisie, *Hamlet*, l'adultère et l'assassinat, *Horace*, avec Camille, ce gibier de conseil de guerre, l'exécration de la patrie et la haute trahison, etc., etc. Et, à ce compte, on chercherait à bien peu près en vain quels chefs-d'œuvre tragiques échapperaient à la réprobation de M. Poueigh, car il n'est pas besoin de « Paul Lindau » pour savoir que, sauf peut-être exception infime, ils « tombent » tous sous la vindicte « de notre Code pénal ». Il est même de fait, par-dessus le marché, que les Dieux et Déesses de l'Olympe d'Athènes et de Rome passeraient aujourd'hui par fournées en correctionnelle ou aux assises à côté de leurs confrères du Walhall.

Et on pourrait demander à M. Poueigh, « tout au long des quatre volets de *l'Anneau* », de quelle « soif de l'or et du sang » sont altérés Siegmund, Sieglinde et Gutrune, de quels « abominables instincts » *exaltés*, de quels « forfaits » irrachetables et *magnifiés* sont châtiés Siegfried et Brünnhilde. On pourrait lui demander bien d'autres choses. Mais c'est déjà beaucoup trop s'être occupé de M. Poueigh. Il sied de le laisser avec son *distinguo*. Les deux font la paire. M. Poueigh se targue « d'avoir toujours le courage d'écrire sa pensée ». C'est très bien d'être courageux, surtout quand on est malade. Mais M. Poueigh est trop modeste : il aurait pu dire « le toupet ».

Juillet 1916.

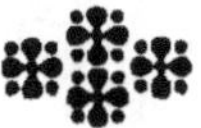

XII

BOIELDIEU

Il est singulier qu'en des moments où on a tant parlé de la musique française, — comme si elle en avait besoin, — ni nos concerts ni nos théâtres ne se soient rappelé Méhul et Boieldieu. Les Ouvertures des opéras de Méhul sont, non seulement des ouvrages d'un extrême intérêt musical, mais des pièces exquises ou fortes, dont la facilité d'exécution eût été pain bénit pour MM. Chevillard et Pierné aux prises avec leur orchestre désemparé de la saison 1914-1915. On ne s'explique guère qu'en semblable occurrence ils n'aient point songé à révéler à leur public, auquel elles sont inconnues, celles des *Aveugles de Tolède*, si élégamment pittoresque, d'*Euphrosine et Mélidor*, issue tout droit du Gluck d'*Iphigénie en Aulide*, de *Stratonice* et de *Timoléon*, aux allures beethoveniennes jusqu'à, non certes la réminiscence, mais la rencontre devancière, car *Stratonice* fut jouée en 1792, *Timoléon* écrit au commencement de 1794, et Beethoven, alors en sa vingt-quatrième année, n'avait encore produit à cette époque qu'une trentaine de compositions, la plupart inédites, et dont les plus remarquables sont ses trois premières sonates pour le piano.

L'Ouverture de Méhul relie celle de Gluck à celle de Beethoven ; sans elle, l'évolution de cette forme symphonique est faussée, la filiation interrompue. Et cependant, nous avons laissé s'abîmer dans l'oubli ces chefs-d'œuvre de notre art national : nous en avons perdu jusqu'au souvenir. Nous n'en possédons même pas d'édition convenable et complète. Pareillement notre Opéra, dans *le Roman d'Estelle*, à propos d'une soirée chez Chérubini, omit le nom de son ami et confrère à l'Institut Méhul, comme de Boieldieu qui fut son collaborateur, duquel la gloire « en 1830 » était européenne, et que Chérubini aurait assurément invité. Notre Opéra-Comique, enlisé dans un répertoire du plus niais industrialisme, acoquiné aux plus vulgaires ou grossiers amuseurs qu'ait engendrés l'actuelle inanité transalpine, continue d'ignorer *le Calife de Bagdad* et *Jean de Paris*, et ne daigna pas consacrer une de ses séances au chef-d'œuvre ingénu qui s'appelle *la Dame blanche*.

Méhul (1763-1817) et Boieldieu (1775-1834) sont justement « ces vieux maîtres de l'école française » que Wagner proclamait les pairs de Gluck et de Mozart et comparait à « des astres conducteurs solitaires dans l'océan morne et ténébreux de l'art lyrique ». Il ne sut en parler qu'avec une émotion enthousiaste. Il disait d'eux : « En communion étroite avec leur peuple, ils ont créé en toute indépendance le plus parfait de ce qui se puisse relever dans l'histoire artistique d'un pays. La vertu et le caractère de leur nation s'incarnent dans leurs œuvres. » Il rapporte qu'il se sentait « transporté dans une sphère d'élévation et de noblesse » tandis qu'il faisait étudier à sa petite troupe d'opéra de Riga « le superbe *Joseph* de Méhul », et que, « seules, de telles impressions, qui illuminaient en lui comme d'un éclair tout un monde de possibilités insoupçonnées, le retenaient à son poste et au théâtre, malgré son dégoût pour l'ornière des représentations qu'il lui fallait y diriger ». Vers la fin de sa vie, en 1879, dans une conversation familière, il déclarait *la Dame blanche* « un modèle de ce que le génie français a proprement tiré de soi-même », et il se mettait au piano tout emballé pour en jouer tout le second acte. En 1880, sur la chanson de la vieille Marguerite au rouet, il observait : « Ce qui s'y exprime est quelque chose d'absolument personnel aux Français, et en quoi nulle autre nation ne les égale. » Et il avait raison.

Méhul, d'abord élève du Souabe immigré Hanser, puis d'Edelmann, disciple passionné de Gluck, frotté de quelque italianisme en son adolescence parisienne, réalisait inconsciemment, quoique avec la prédominance marquée de son individualité nationale, l'amalgame italo-franco-germain auquel aboutit l'ère classique allemande : d'où ses affinités beethovéniennes. L'art de Boieldieu est plus profondément autochtone. Débarqué à Paris de Rouen à dix-sept ans, aussi pauvre de science que d'écus, son génie resta spontané autant qu'autodidacte. Il ne fut jamais bien savant. Au Conservatoire, où il professa « le clavecin ou le pianoforte », puis la composition, ses élèves l'étaient plus que lui, et ce n'était pas difficile. Sa classe demeura célèbre pour les conversations cordiales et, au dire de Fétis, « pleines d'aperçus très fins sur son art », par quoi il remplaçait un enseignement qu'il se sentait peu apte à dispenser plus doctement. Son séjour de 1803 à 1811 à Saint-Pétersbourg, où il fut attiré et comblé d'attentions par le tzar Alexandre, le délivra de la pédagogie et l'isola de toutes les influences, y compris celles de la mode, auxquelles il eût été exposé dans notre capitale. Il y revint à trente-six ans, mûri, ayant formé d'instinct son style, maître désormais de ses moyens et d'une originalité savoureuse dont il fournit aussitôt le témoignage avec *Jean de Paris* (1812).

Treize années et une dizaine d'opéras séparent cet

ouvrage de celui où il·donna toute sa mesure. *La Dame blanche*, en 1825, fut un triomphe dont les annales du théâtre offrent bien peu d'exemples. Trois cents représentations presque à la file n'en épuisèrent pas le succès qui les porta depuis au delà du millier. Wagner n'avait pas tort en y reconnaissant la pure émanation d'une sensibilité nationale. Trois chefs-d'œuvre sont dignes de cet éloge en ces temps fortunés où, après plus d'un tiers de siècle de bouleversements, de guerres ou d'oppression, et malgré les réactions gouvernementales, l'âme populaire, libérée et consciente de s'épanouir enfin, s'abandonnait à l'innocente joie de vivre et de chanter.*La Dame blanche* est dans notre art ce que sont le *Freischütz* et *le Barbier de Séville* ailleurs. Dans sa simplicité, sa candeur apparente, elle les égale en génialité. Sans s'attester aussi spécifiquement novatrice que celle de Weber, l'harmonie de Boieldieu, toute de nuances et de délicatesse, y est comme empourprée d'un « romantisme » infus introuvable avant lui sur nos scènes lyriques et que Wagner a discerné et signalé.

Si je cite Wagner avec insistance au sujet de *la Dame blanche*, c'est que personne n'a mieux que lui connu et compris cet ouvrage et, en réalité, à son insu peut-être, son immuable admiration se mêlait de reconnaissance. Durant sa carrière de chef d'orchestre de théâtre à Magdebourg et à Riga jusqu'en 1842, où il avait déjà vingt-neuf ans, et aussi

plus tard encore à Dresde, Wagner fut littéralement
nourri de musique italienne et française et, si *Joseph*
le captiva particulièrement, aucun des opéras qui
constituaient son répertoire ne lui laissa une impression aussi vive et aussi féconde que le chef-d'œuvre
de Boieldieu. Si paradoxal que cela puisse sembler
de prime abord, il est facile de s'en convaincre à
l'épreuve : au fond, *le Vaisseau-Fantôme*, *Tannhaeuser*
et *Lohengrin* procèdent au moins autant de Boieldieu
que de Weber. Les réminiscences mélodiques sont
rares chez Wagner, dont la personnalité à cet égard
est dominatrice : c'est sans doute de Boieldieu que
proviennent les plus involontaires et significatives.
La plus frappante est évidemment celle qui, dans le
chœur nuptial de *Lohengrin*, reproduit presque note
pour note une page des *Deux Nuits*. Qu'on compare,
dans *la Dame blanche*, le trio : « Il faut rire, il faut
boire à l'hospitalité... » au second thème de la marche
de *Tannhaeuser* ; la chanson de Marguerite à son
rouet au chœur des fileuses du *Vaisseau-Fantôme* ; le
court dessin des mesures 8, 9 et 10 du duo de Georges
et de Jenny au motif de « la Saint-Jean » des *Maîtres-
Chanteurs* ; enfin les mesures 33 et 34 « ...séjour de
mon enfance... » de l'air d'Anna ([1]) qui ouvre le troisième acte, avec l'apostrophe d'Isolde à Tristan sur

---

([1]) Je cite d'après l'édition ancienne de Launer, pour
piano et chant.

le vaisseau « ...Tous les hommes à toi se rallient... »
Au dénouement, la révélation d'Anna : « Ce château
t'appartient et cet or est à toi », la phrase de Julien
d'Avenel : « Toi qui sauvas mes jours et qui reçus
ma foi », résonnent comme un écho de *Lohengrin*.

Mais l'influence de Boieldieu sur Wagner dépasse
infiniment la portée de quelques similitudes théma-
tiques, qui prouvent néanmoins l'ineffaçable empreinte qu'il en a conservée. Au point de vue dramatico-lyrique, le musicien qui écrivit *la Dame blanche*,
à y bien regarder, est pour Wagner un précurseur.
Jamais auparavant, jamais depuis jusqu'à Wagner ne
fut réalisée une union aussi intime, aussi souple et
équilibrée du drame et de la musique. Le finale du
second acte, cette fameuse « scène de la vente aux
enchères », est en l'espèce un chef-d'œuvre sans précédent et unique en son genre. Chez Mozart, la
musique l'emporte : dans les airs ou ensembles, elle
existe avant tout « en soi », elle garde son autonomie
et ses normes dont elle revêt l'action, elle exprime
des états d'âme propres à la situation dramatique,
mais plutôt généraux et, même dans *Don Juan*,
burine des caractères types à la manière classique.
Chez Wagner même, à partir de *Tristan*, c'est la
symphonie qui fouille ou qui souligne les sentiments
des créatures, et la musique en aboutit fatalement à
éclipser tout le reste, à dissoudre la tragédie quasi-

ment résorbée, « ainsi que la splendeur du jour annihile la lueur d'une lampe ».

L'inspiration de Boieldieu « incarne », selon le mot de Wagner, la psychologie la plus fine, la plus différenciée, la plus vivante, et l'eurythmie est absolue. La musique ici crée le drame en semblant s'y soumettre ; sans abdiquer ses formes spécifiques, voire traditionnelles, elle l'anime sans l'asservir ; elle en épouse les replis et en suit les moindres méandres, et sa ligne flexible s'adapte aux mouvements les plus variés, jusqu'aux inflexions du discours. Elle y dessine les visages, détaille les physionomies et sonde jusqu'au tréfonds des âmes avec une aisance incomparable, comme un enjouement désinvolte. Les personnages n'y prétendent pas plus au symbole qu'à quelque typique synthèse de galanterie chevaleresque, de vertu, de fidélité, de coquetterie naïve, de couardise, d'avidité soupçonneuse ou méchante. C'est Julien d'Avenel sous l'habit du sous-lieutenant Georges, la douce Anna, la bonne dame Marguerite, l'espiègle fermière Jenny et Dikson son peureux époux, l'intendant retors Gaveston ; c'est une humanité diverse et bien réelle, qui naît de la musique, en dépit du texte falot, palpitante de vie et dont la vérité vous point nonobstant l'intrigue simpliste. Ce sont des êtres qui respirent, qu'on ne peut s'empêcher d'aimer ou de haïr, et desquels nul n'est indifférent, même épisodique, témoin le juge de paix Mac-Irton croqué d'un trait si sûr.

Il n'est guère au théâtre lyrique de figure plus délicieuse de grâce virginale que celle d'Anna, ni plus touchante. Les mélodies qui sortent de ses lèvres — entre autres la supplication : « C'est que leur porte hospitalière... » — vont au cœur, pénètrent comme un charme de bonté adorable et de noblesse. Dans *Henry VIII* (page 52 de la partition piano et chant), M. Saint-Saëns prêta des accents analogues à l'infortune de Catherine d'Aragon. Malheureusement cette belle mélodie est la vingt-quatrième mesure du *Larghetto* du quintette avec clarinette de Mozart. L'originalité de Boieldieu est intégrale. Sa verve a « les ailes légères du génie » ; elle est vibrante, toujours neuve, innombrable et intarissable. Le trio final du premier acte, la cavatine : « Viens, gentille Dame... », le duo d'amour, sont de pures merveilles qui narguent l'analyse et qu'on dirait tombées du ciel. A la longue, on finit par tout aimer sans réserve dans cette *Dame blanche*, tant tout y est limpide, généreux, d'une véracité indéfectible, et humain plus profondément certes qu'on n'imagine. On la joue et rejoue sans pouvoir se résoudre à la quitter, y découvrant sans cesse de nouvelles raisons d'admirer et d'admirer encore. On éprouve à cette musique ce frémissement voluptueux dont Mozart semblait seul capable de griser la sensibilité ravie. Boieldieu ne pouvait composer qu'en chantant, et

ce fut la chanson de l'alouette gauloise que chanta
cet enfant de notre Normandie, aux mystérieux croi-
sements séculaires, avec l'ingénuité divine du génie.
La Dame blanche et *Pelléas* sont les chefs-d'œuvre de
notre art lyrique national. Pour quelles causes ins-
crutables paraissent-ils tous deux obstinément proscrits de nos affiches ?

La *Correspondance inédite* (¹), que M. Paul-Louis
Robert publia dans le but le plus louable, est pour
faire aimer Boieldieu autant que sa musique. Le
véritable artiste crée son œuvre à son image et à sa
ressemblance. L'œuvre de Boieldieu est, pour ainsi
parler, son portrait. Il était bon, loyal, affable, un
tantinet romanesque quoique d'une simplicité char-
mante. Il ignorait l'envie au point de se susciter des
rivaux à soi-même. C'est lui, et par un subterfuge,
qui ouvrit au jeune Hérold les portes de l'Opéra-
Comique. Son amitié était la plus dévouée ; sa ten-
dresse pour les siens, débordante ; son amour pa-
ternel atteignait à l'idolâtrie. L'affection rayonnait
de lui. Ces lettres nous montrent sa bonhomie et sa
finesse, son intelligence de son art, sa modestie, sa
fierté délicate aux jours d'adversité. Ses dernières
années furent douloureuses. La révolution de 1830

(¹) *Une Correspondance inédite de Boieldieu*, volume
vendu au profit des œuvres de guerre : 3 fr. 50 (Rouen,
chez Albert Lainé).

et la déconfiture du théâtre Feydeau le ruinèrent. La maladie le terrassa. Il mourut dans la gêne à Jarcy en serrant-la main de son fils bien-aimé dans la sienne déjà glacée. Sa mort fut un deuil national. Paris et Rouen se disputèrent ses obsèques qu'on célébra magnifiquement aux Invalides. On l'enterra en grande pompe au Père-Lachaise et Rouen eut pour sa part la relique de son cœur embaumé. Aujourd'hui les jeunes générations connaissent à peine le nom de cet artiste de génie ; pas plus que de Méhul, nous n'avons d'édition complète de ses œuvres. Quelques-uns de ses opéras ne furent jamais gravés ; la plupart sont épuisés et certains introuvables ; *le Calife de Bagdad* et *Jean de Paris* ne survivent, à côté de *la Dame blanche*, que sur les scènes et dans les collections populaires allemandes. Vraiment, nous ne méritons pas nos gloires.

Septembre 1916.

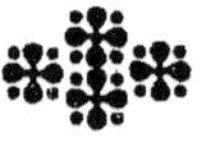

XIII

GERMANOPHILIE

M. Saint-Saëns continue. On aimerait, suivant
l'expression d'un spirituel confrère qui signe
Florestan dans *le Dernier Cri* de Lausanne, « à jeter
le manteau de Noé sur ce vieillard ». Mais, si
M. Saint-Saëns est en ribote, il ne dort pas. Nul n'est
plus éveillé, plus agité, plus frétillant que lui. On se
souvient de la verte façon dont il rabroua les fonda-
teurs d'une nouvelle revue musicale pendant la
guerre. « La France d'abord, s'écriait-il noblement,
la musique après. Au lieu de faire un journal, en-
voyez votre argent pour les blessés... » A en juger
par son agitation musicale, M. Saint-Saëns a dû
accomplir en secret de bien grandes choses pour la
France. On le vit parcourir nos provinces, y donnant
une série de concerts composés pour la majeure

partie de ses ouvrages. Il poussa, paraît-il, jusqu'à Monte-Carlo pour réentendre son *Hélène*, et revint monter lui-même à l'Opéra-Comique sa *Phryné* qu'il entoura de ses soins vigilants. Depuis, à tous propos, il prodigue ses exhibitions et sa musique. Au fond, si M. Saint-Saëns agit comme il conseille, et on n'a pas le droit d'en douter, tant mieux « pour nos blessés », qui s'en vont profiter de jolis bénéfices. Enfin, pour couronner ces ébats bariolés, M. Saint-Saëns vient de réunir en brochure les articles de *l'Echo de Paris* qu'il y avait intitulés gracieusement *Germanophilie*, à l'intention probable des wagnériens qui sont dans les tranchées.

On sait comment M. Saint-Saëns, qui depuis s'attaqua à Bach et à Shakespeare, y démolit tout l'art allemand, y compris Schiller et Gœthe, et y édicte l'ostracisme contre les musiciens teutons, morts ou vivants, Wagner et Richard Strauss en tête. Quoique nul n'ignore plus aujourd'hui où, en réalité, le bât le blesse, M. Saint-Saëns fait toujours semblant de baser ses édits proscripteurs sur les actes de barbarie et de vandalisme féroces auxquels se sont livrés nos ennemis. En ce qui concerne les morts, M. Saint-Saëns serait bien aimable de dire en quoi les Allemands seraient vexés et pâtiraient de ce qu'on ne jouerait plus chez nous de la musique tombée pour la plupart, y compris celle de Wagner, dans le domaine public, et sur l'exécution de laquelle

ils n'ont par conséquent plus un centime à perce-
voir. Mais, avant tout, M. Saint-Saëns mélange des
choses qui n'ont aucun rapport.

Ce que les Allemands ont fait et font chez nous
et ailleurs, on le leur rendra, du moins il faut l'espérer ; et on devra le leur rendre aussi froidement
qu'exactement. Il n'est pas de plus juste loi que
celle du talion. On conçoit que des cerveaux imbus
de religiosité spiritualiste, qui les induit à croire au
libre arbitre, répugnent à ce qu'ils qualifient des
représailles, et préfèrent ramener leurs frères égarés
par de bonnes paroles et des exemples magnanimes ;
encore qu'ils méconnaissent illogiquement là un
expédient de « détermination » véritable, quoique
d'efficacité aléatoire parce que moins puissant que
les motifs qu'il veut combattre. On s'explique,
d'autre part, aisément que les esprits religieux se
refusent à « punir » des actes que les coupables ne
pouvaient pas ne point commettre, puisque ces actes
étaient connus de toute éternité, permis ou ordonnés
d'avance, par un Dieu tout-puissant, omniscient et
prescient de tout avenir. Mais la loi du talion ne
croit pas plus en Dieu qu'au libre arbitre : elle est
tout simplement *déterministe*. Elle estime que tout
effet est « déterminé » par une cause et, afin d'éviter
es effets regrettables, elle décide et prononce :
« Ce que tu as fait à autrui, on va te le faire à toi-
même. Ce n'est pas plus un châtiment qu'une ven-

geance, mais uniquement une démonstration expérimentale et un argument préventif destinés à « déterminer » chez toi une volition qui t'enlève l'envie de recommencer. » C'est évidemment le langage que nous aurons à tenir à l'Allemagne.

Il siéra donc de pendre haut et court la dynastie hohenzollerne et de fusiller en bloc les junkers avec les agrariens, armateurs et autres trafiquants complices, après les avoir toutefois séparés de leurs filles nubiles, confiées aux attentions des Cosaques et des Sénégalais, — lesquels sont d'ailleurs de très braves gens infiniment mieux élevés que des lieutenants de Saverne. La beauté, patrimoine de l'humanité tout entière, appartient à tous où qu'elle soit. Aussi n'aurons-nous pas à nous faire violence pour respecter les véritables œuvres d'art, de pierre ou autres, sous réserve de restitutions, reprises et compensations légitimes. Mais, en préservant sa bibliothèque, il sera pertinent de raser d'abord Berlin, qui ne présente aucun intérêt artistique ; de dynamiter Potsdam avec Sans-Souci, plat pastiche, et de pluvialement bombarder quelques cités et châteaux du même acabit, comme pendant à Louvain, Ypres, Reims, Arras, Coucy, etc., etc. Il sera pareillement indispensable de dévaster avec une identique virtuosité et une équilatérale sollicitude un nombre équivalent de kilomètres carrés et, surtout, d'effectuer certaines coupes sombres dans la population civile et innocente : car la loi du talion exige une réciprocité rigoureuse, et il serait injuste que ne fussent point frappés des innocents. Tout cela est équitable et logique. Le plus noble attribut de la justice est de rendre et distribuer à chacun strictement selon ses œuvres. A l'agression perlée d'une « guerre scientifique », il convient que corresponde une « justice scientifique » ; c'est bien le moins.

Mais la loi du talion a une portée plus profonde. Elle incarne vraiment la Justice idéale, ignorante de responsabilité comme de personnalité même, épurée de pénalité et de vindicte. Elle est un poids indifférent qui égalise les plateaux et fixe le fléau de la balance. Car ce qu'on a baptisé « morale » est du ressort de l'esthétique et pas d'un autre. Ainsi que toute vie, tout acte, tout événement est, dans le fond, une œuvre d'art. Il n'y a ni bien ni mal, mais rien que beauté ou laideur. Ce qu'on nomme « justice » est une nécessité d'harmonieux équilibre, de symétrie apollinienne. On est blessé de ce qu'on ressent « injuste » comme d'une discordance qui appelle un redressement, une conclusion de consonance réparatrice. La chimère d'une autre vie est née de ce sentiment *esthétique*. Mais les religions ont fait couler dans celle-ci plus de sang et de larmes qu'elles n'y ont allégé de douleurs, et leurs « sanctions » arbitraires demeurent dévolues au « grand peut-être » où Rabelais mourant s'en allait ironique.

Leurs promesses illusoires ne leurrent que d'un insuffisant simulacre. La loi du talion réalise dès en ce monde — et c'est plus sûr et mieux — le geste qui restaure l'eurythmie nécessaire. Aussi doit-il être accompli sereinement, sans haine, avec une implacable et pieuse gravité, comme un rite en l'honneur du dieu à l'arc d'argent, à l'auréole de lumière, qui préside à l'infuse harmonie de la forme parfaite et à la rythmopée des justes proportions.

M. Saint-Saëns a donc bien tort de se fâcher. Les récriminations et jérémiades n'atteignent que ceux qui s'y abaissent. Quant à, pendant comme après cette guerre, nous dépouiller nous-mêmes et nous priver des bénéfices de l'intelligence, de la science et de l'art allemands ; renoncer gratuitement à la jouissance et au profit de chefs-d'œuvre, voire à la curiosité d'attrayants ouvrages, dont les auteurs sont morts et enterrés ou même aussi vivants, ce n'est plus que niaiserie ou petitesse. M. Saint-Saëns exigerait-il qu'on supprimât la radiographie dans nos ambulances à cause de Rœntgen ? Qu'on verse à MM. Strauss, Schœnberg, Bartok et Kodaly les tantièmes auxquels ils ont droit. Il est juste de payer ce qu'on reçoit, bon, mauvais ou pire, et en monnaie corrélative.

Certes, M. Saint-Saëns eut bien tort de publier sa *Germanophilie* en librairie. La lecture de cette élucubration est encore plus consternante ainsi que

par fragments hebdomadaires. L'improvisation du
journal éphémère excuse bien des choses, entre
autres la rédaction hâtive et les erreurs. On en a
signalé quelques-unes à M. Saint-Saëns, lequel
est abonné à l'*Argus de la Presse* et en reçoit tout ce
qu'on dit sur lui, — même en Amérique. M. Saint-
Saëns n'en réimprime pas moins froidement l'affirmation que « dans l'*Anneau du Niebelung*, Wagner
a écrit pour des instruments qui n'existent pas,
parce que cela fait bien à l'œil », aurait-il avoué
« dans une note explicative en avertissant qu'il faudrait les remplacer par d'autres ». M. Saint-Saëns
ne pouvant plus ignorer la fausseté de cette assertion, c'est donc bien un mensonge prémédité qu'il
entend propager sous sa signature tapageuse.

Il n'est évidemment pas d'argument plus vil que
la calomnie, mais il n'en est pas non plus de plus
bête. La vérité ressemble à un bouchon de liège ; on
a beau la vouloir noyer, elle remonte toujours à la
surface. Heureusement que M. Saint-Saëns ne peut
plus déconsidérer que lui-même. On se demande,
au surplus, où il s'informe. En réponse « à ceux qui
veulent à toute force séparer les questions politiques
des questions d'art, qui s'écrient avec une impru-
dente générosité : Wagner quand même ! » il « signale
ce fait : l'Allemagne, en haine de l'Angleterre, a
banni du répertoire de son Théâtre les œuvres de
Shakespeare ». Or, non seulement il n'est pas de

14

semaine, peut-être pas de jour, où on ne joue du
Shakespeare outre-Rhin, mais les Allemands ont fêté
récemment, comme un anniversaire national, le tri-
centenaire de la mort de Shakespeare, qu'ils estiment
leur appartenir par la race autant que par le génie,
— en quoi d'ailleurs ils se trompent, et je dirai pourquoi une autre fois. Ils n'ont jamais cessé de représenter les ouvrages lyriques français ou italiens à
succès ; ils jouent même les pièces de M. Capus,
dont ils sequestrent les tantièmes. D'autre part, à
Londres, au *Aldwych Theatre*, on a affiché du Wagner
pendant tout le mois de juin. M. Saint-Saëns n'a
vraiment pas de chance.

M. Saint-Saëns a rajouté cette nouvelle... « erreur »
au premier jet de sa plume fougueuse ; il y a joint
aussi sa défense de Meyerbeer, après avoir reproché
à Pasdeloup d'être d'origine allemande, « à ce qu'on
lui a dit ». Quoi qu'il en soit, il se trouve que c'est
bien réellement le cas du musicastre dont MM. Saint-
Saëns et Masson chérissent l'un *le Toréador* et l'autre
le *Noël* : Adolphe Adam naquit, en effet, à Paris,
d'un père alsacien, rejeton d'une famille allemande
immigrée. D'autre part, dans une lettre reçue et publiée jadis par *Paris-Midi*, un Israélite anonyme, qui
se qualifiait « coreligionnaire de M. Saint-Saëns et
admirateur de sa musique », prétendit que le véritable nom de l'auteur de *Germanophilie* serait
Kohn », vocable évidemment peu français qu'il

aurait remplacé par celui d'un village de la Seine-
Inférieure où sa famille posséda une propriété. Et
M. Saint-Saëns n'a jamais protesté contre ces alléga-
tions piquantes.

M. Saint-Saëns pourtant n'eut garde de réparer sa
défaillance de mémoire à l'égard de l'école française
contemporaine. Il n'en est pas plus question dans sa
brochure que de Méhul et Boieldieu. Parmi nos
musiciens vivants, il ne connaît toujours que soi-
même et l'honorable « M. Rabaud ». En revanche, il
récrimine hargneusement contre tout le monde ;
contre l'Opéra qui ne lui octroya pas pour *Samson*
d'assez jolis décors ; contre la Société des Grandes
Auditions, « qui lui proposa, le croirait-on ? de remettre l'exécution du *Déluge* au milieu de juillet, *au
moment même où devait avoir lieu le couronnement du
roi Edouard VII !* » — et c'est M. Saint-Saëns qui
souligne ; contre l'orchestre de Pasdeloup, habitué
cependant aux symphonies de Mozart et de Beethoven, mais « qui ne comprit pas sa *Symphonie* en
mi ♭ », laquelle est de la plus oiseuse insignifiance ;
contre le public français, qui s'obstine à aller entendre et applaudir la musique de Wagner « qu'il lui
est impossible de comprendre ». Il se plaint que les
œuvres de Berlioz soient inconnues ; il se moque de
l'orthographe du nom de Nietzsche. Ailleurs on lit :

Il y a encore autre chose dans le succès de *Parsifal* : il y a ce qu'on a appelé « le juste retour des choses d'ici-bas ». Ah ! c'est bien fait ! Public imbécile qui ne voulait ni de *Tannhaeuser* ni de *Lohengrin*, dont j'ai entendu siffler le *Prélude*, cet incomparable diamant !

En présence de ce tissu de ragots vaniteux, ineptes ou misérables, de faussetés, de divagations séniles, d'insinuations fielleuses, où perce une jalousie la plus basse et rageuse de malgré tout se sentir impuissante, on finit par être saisi d'une sorte de pitié mêlée d'un écœurement invincible. M. Saint-Saëns, qui fut un artiste, a tout de même écrit sa troisième *Symphonie*. Finir ainsi, c'est lamentable. Cet homme n'a donc point d'amis ?

Septembre 1916 *et mai* 1917.

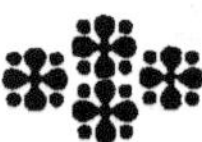

XIV

WAGNER EN ITALIE (¹)

IL y a trente-quatre ans que Wagner mourut à Venise, le 13 février 1883, au Palais Vendramin. Ses funérailles y furent une apothéose. L'Italie prit sa noble part au deuil de l'art universel. Ses poètes, ses écrivains et ses artistes célébrèrent avec un pieux enthousiasme le génie titanesque ; l'émotion et la consternation furent unanimes et profondes. Wagner était pour l'Italie un hôte vénéré de l'élite et sympathique à tous. Il en aimait la terre antique, humus

(¹) Cet article a paru dans le premier numéro des *Cahiers idéalistes français.* Leur directeur, M. Edouard Dujardin, ayant à mon insu, après la correction des épreuves, supprimé intentionnellement certains passages, je protestai par lettre et cessai ma collaboration à cette revue. Ces passages sont ici restitués et imprimés en *italique.*

fécond de la Renaissance, le doux climat, les hori-
zons limpides. Maintes fois au cours de son existence
agitée, il y trouva le repos et le réconfort. Il y créa,
dans une sorte d'ivresse extatique, les deux tiers de
Tristan, son chef-d'œuvre, et lui-même raconte
qu'un chant de gondolier dans la nuit des lagunes
lui inspira la mélopée agreste, le « vieil air » de Karéol.
Au soir de sa vie, il y venait chercher le soleil et la
sérénité, et un peu de sa gloire reste attachée aux
lieux où il a passé. Il n'y eut jamais, entre l'Italie et
Wagner, de malentendus du genre de ceux qu'on
put exploiter chez nous. Son génie s'y était imposé
peu à peu comme ailleurs, mais sans violences, per-
sonnalités ou scandales. Il parut donc tout naturel
que, lorsque nos voisins décidèrent de devenir nos
alliés, on continuât de jouer chez eux la musique de
Wagner, sans la moindre opposition de quiconque,
comme au surplus celle de tous les maîtres allemands,
y compris ce Prussien raseur de Brahms. Cependant
on put lire il y a quelque temps, dans les journaux,
la dépêche suivante, communiquée par une agence :

Rome, 19 novembre.

L'Académie « Sainte-Cécile » inaugurait aujourd'hui
la saison musicale par un concert symphonique que diri-
geait Toscanini. Au programme figuraient *Siegfried* et
le Crépuscule des Dieux.
Au moment de l'exécution de la marche funèbre de

Siegfried, un spectateur s'écria : « C'est pour les victimes du bombardement de Padoue ! »

A ces mots, toute la salle fit entendre de telles protestations contre la musique allemande, qu'on dut interrompre le concert. Les représentants de la municipalité quittèrent la salle.

Alors le chef d'orchestre fit exécuter la *Marche Royale.* L'ordre fut rétabli, mais le concert se termina au milieu d'une vive émotion (*Radio*).

On imagine aisément la scène. La psychologie de la foule est troublante, parfois affreuse. Elle oscille de l'inconscience puérile à l'hystérie ; elle est capable d'évoquer le *delirium tremens* de l'alcoolisme. Un mot inepte en déclenche une crise aiguë, et il n'y a plus rien à faire. M. Toscanini le comprit, mais il agit comme il devait. Le récit de l'agence n'est pas tout à fait exact. Dans une lettre de Rome publiée par *le Théâtre et la Musique*, M. Alfredo Casella fut plus explicite. Le concert demeura « inachevé ». « Blessé » — on pourrait dire insulté — « dans sa dignité d'artiste autant que de patriote, Toscanini abandonna le pupitre et repartit immédiatement pour Milan, renonçant aux quatre concerts annoncés sous sa direction, et au programme desquels figurait la *IXe Symphonie.* » L'interrupteur et le public n'avaient peut-être pas prévu ce dénouement, inconscients de la goujaterie de leur geste envers un artiste qui honore l'Italie. Selon M. Casella, cet interrupteur était un soldat. Permissionnaire ou embusqué, qu'allait-il faire à ce concert ? Le programme en était affiché sur la porte et, s'il lui déplaisait d'entendre du Wagner, il n'avait qu'à ne pas entrer. Il faut donc conclure qu'il entra dans le dessein prémédité d'empêcher d'entendre des gens à priori aussi bons Italiens que lui. Aimables mœurs, en vérité, délicate leçon de patriotisme devant laquelle on ne saurait assez hautement féliciter M. Toscanini de ne point s'être incliné. Mais l'événement est significatif à maints égards.

Il est trop évident que Wagner, mort il y a un tiers de siècle dans un pays alors allié du sien, n'a rien de commun avec une guerre déclarée, d'ailleurs, non pas à l'Italie, mais par elle. Il n'est pas moins certain que des actes de barbarie, tels que l'assassinat de populations inoffensives, auraient été stigmatisés par l'artiste de génie qui a chanté « la régénération du monde par l'amour, le renoncement et la pitié ». Il n'y a évidemment aucun rapport entre la musique de Wagner, entre Wagner lui-même et la guerre présente. On l'a compris en Angleterre. Les zeppelins y firent une cinquantaine de visites incomparablement plus meurtrières que le bombardement de Padoue. Néanmoins, tout le mois de juin dernier, *Tristan* fut représenté sans encombre au *Aldwych Theatre*. Les Anglais, qui nous ont offert depuis peu tant de sujets d'admiration, nous ont donné ainsi l'exemple du sang-froid, de la dignité et de l'intelligence, *comme ils nous donneront sans doute celui de l'implacable volonté dans le châtiment des crimes, en remontant jusqu'aux véritables coupables, quels qu'ils soient* (¹). Mais la constatation induit en quelques réflexions.

On ne peut pas ne pas se demander pour quelles raisons mystérieuses Wagner précisément fut choisi en Italie, comme il advint en France, pour le bouc émissaire des péchés teutoniques. Encore, chez nous, avait-on des prétextes, quoique si pauvres qu'il les fallut corser de calomnie et de mensonges. Mais au delà des Alpes, où jusqu'ici toute la musique allemande avait gardé droit de cité, où on avalait sans broncher les lourdes et oiseuses élucubrations mêmes d'un Brahms, pourquoi fut-ce une œuvre de Wagner et pas d'un autre — et justement un de ses plus superbes chefs-d'œuvre — qui ait été l'objet de cette manifestation imprévue ? Et on ne peut pas non plus ne pas remarquer que, des trois nations en cause, l'Angleterre est la seule à ne point posséder un répertoire dramatico-lyrique indigène « à succès », soutenu par de puissants éditeurs. La coïncidence est au moins singulière, et il est difficile de ne point être hanté par l'adage : *Hic fecit cui prodest.* C'est une vieille histoire à nous depuis longtemps familière. En 1887, devant l'Eden, en 1891 et 1893, devant l'Opéra, nous vîmes une foule irresponsable,

------

(¹) **Voir la note précédente.**

dûment excitée par une presse complice ou dupe, manifester contre *Lohengrin* et *la Valkyrie*. Les camelots et les petits marmitons, qui se mêlaient hurlants à pareille fête, savaient bien qui les avaient envoyés. M. Adolphe Jullien écrivait à ce propos dans la *Revue Illustrée* :

> Pourquoi cette campagne menée en sourdine et puis éclatant un beau jour en charivari patriotique ? Uniquement parce que certaines gens qui font commerce de musique, —qu'ils en composent ou qu'ils en vendent,— avaient calculé quel coup irrémédiable un tel chef-d'œuvre allait porter à leur trafic habituel... Quel cri du cœur que cette exclamation d'éditeur affamé : « Mais si Richard Wagner s'implante avec sa musique à Paris, je n'aurai plus qu'à fermer boutique ! »

Et c'est la même comédie qui recommence, sans que le cynisme des « intéressés » ait reculé devant l'horreur de l'occasion qu'ils osaient saisir aux cheveux. Tout autant que Francis Magnard, alors directeur du *Figaro*, opinait, il y a trente ans, la question Wagner est à l'heure actuelle avant tout « une question de boutique ». Et on se l'explique trop bien. Les chefs-d'œuvre de Wagner constituent au théâtre un merveilleux instrument de culture musicale. Ils y incarnent l'idéal artistique le plus élevé, la sincérité intégrale, en même temps que la beauté la plus grandiose et la plus harmonieuse, la plus pure et la plus savoureuse à la fois. Jadis, ils ont sonné le glas de toute une production mercantile dont le fatras de partitions truquées se pulvérisa presque soudainement à leur contact, et Wagner est resté l'ennemi inavoué des successeurs de ces marchands qu'il a chassés du temple, la bête noire des amuseurs et des industriels avides. Chez nous, on n'eut pas grand' peine à démasquer l'intrigue.

D'obscurs canards subventionnés par de riches maisons d'édition, une poignée de croque-notes inconnus ou fruits secs coutumiers des fours, s'associèrent tout joyeux à l'hallali claironné par M. Saint-Saëns. Le cas de celui-ci est toutefois particulier. Il apparut clairement qu'il ne digérait pas que les drames wagnériens fussent joués plus souvent que ses opéras. Mais une autre mouche le pique. Wagner fut l'un des plus formidables facteurs de l'évolution de l'art sonore. Il a changé la face de la musique, et tout ce qui y vaut désormais quelque chose ne peut pas ne point procéder de lui par quelque endroit. C'est ce que M. Saint-Saëns ne peut ni tolérer ni pardonner. Cet épigone octogénaire estime que l'art musical doit s'arrêter à lui, à ses pompes et à ses œuvres ; il enrage que les trois quarts de celles-ci s'avèrent dorénavant caduques, et notre Mendelssohn national ne tarit pas en brocards séniles, en insinuations fielleuses, contre la jeune école française, authentique héritière de la rénovation wagnérienne.

En ses divagations réactionnaires, il ressuscite imperturbablement le crétinisme de Fétis — en y joignant la mauvaise foi perfide. Car ce vieillard ne craint point de mentir.

A sa suite se rua l'armée de la Bêtise. Des gens auxquels l'art musical était aussi fermé que du chinois, quelques littérateurs de magazine, une bande académique de folliculaires arrivés, mais toujours arrivistes, en quête de sujets d'articles ou conférences largement rétribués et en mal de surenchère, accouchèrent à l'envi sans effort d'insanités burlesques ou furibondes. Ce fut un spectacle effarant — et lamentable. « Le patriotisme a bon dos », observait, dès 1876, M. Saint-Saëns en défendant ce qu'il brûla depuis. Ces plumitifs en étaient ostensiblement convaincus, tandis que, héros en pantoufles, l'échine au feu, le ventre à table, ils bourraient froidement le crâne à l'aveugle troupeau des moutons de Panurge. La vérité n'en éclata pas moins avec la plus limpide évidence : aujourd'hui comme hier, Wagner a contre lui les mercantis, les tardigrades et les primaires. Au fond de cette aventure écœurante, on flaire un sentiment secret, caché, honteux malgré tout de soi-même, que, toujours en 1876, M. Saint-Saëns avait nettement dépisté. « Ce sentiment, c'est la haine de l'art, déclarait-il alors. La haine de l'art, voilà la cause toute puissante de la persécution que subissent fatalement les artistes hardis et novateurs. Elle ne

s'avoue pas en plein jour, elle prend tous les prétextes et tous les masques. »

Je ne sais si campagne de presse analogue à la
nôtre fut amorcée plus ou moins sournoisement chez
notre alliée latine. L'incident paraît avoir surgi
impromptu. Il n'en est pas moins déplorable. L'auteur de l'algarade était peut-être un béotien sincère,
quoiqu'il serait intéressant de connaître ses tenants
et aboutissants, d'apprendre si ce militaire a jamais
vu le feu, pour jouir ainsi d'une mentalité aussi
arriérée que d'arrière. Assurément il n'eut pas conscience de la portée et du retentissement possible de
son acte chez ceux qui nous regardent, qui assistent
en spectateurs à cette guerre sans précédent. Ceux-là
ne font pas que compter les coups ; ils jugent les
caractères et les âmes. Si l'héroïsme des combattants
les exalte, la mentalité de l'arrière leur produit un
effet bien différent.

Les débats sur Wagner m'ont valu une correspondance assez copieuse. Celle qui m'arriva du front
étalait une indignation la plus véhémente contre les
iconoclastes de l'espèce du soldat anti-wagnérien de
Rome. D'autres lettres venaient de l'étranger ; certaines de très loin. L'une d'elles, timbrée de Montevideo, partie de « cette lointaine Amérique latine qui
aime et admire la France comme sa mère en culture,
et qui suit le développement de cette lutte sanglante
sans douter un instant de la victoire des Alliés », dé-

nonçait « le tort désastreux que les manifestations de MM. Saint-Saëns *et Barrès* (²), et autres pauvres d'esprit (*y otros pobres de espiritu*), faisaient à la bonne renommée, si fortement établie là-bas, de la loyauté, de la droiture intellectuelle et de l'élévation de la pensée française dans les choses de l'art et de l'humanité ». Et ce Latin de l'autre hémisphère ajoutait que l'impression était d'autant plus douloureuse que la conduite de nos ennemis se divulguait tout opposée, puisqu'ils n'avaient jamais écarté l'art des Alliés de leurs concerts ou théâtres.

Evidemment. Il est fâcheux que ce soit sous une plume allemande, celle du Dʳ Friedrich Sabrecht, dans l'*Akademische Rundschau*, qu'on découvre cette conclusion irréfutable : « La valeur combative de notre glaive n'est nullement affaiblie parce que nous mesurons avec l'étalon du temps de paix un poète français ou un compositeur italien. » L'insulteur de M. Toscanini pourra méditer cet avis. Son uniforme seul eût pu lui suggérer que la réponse au bombardement de Padoue devait être autre chose qu'un geste de récrimination rageuse et impuissante, qui n'atteint que celui qui s'y abaisse. L'étrange, en cette affaire, est que, par ses paroles, cet homme prononçait, au fond, un inconscient verdict, quoique pas dans le sens qu'il croyait.

(¹) Voir la note, page 213.

Les chefs-d'œuvre des créatures de génie de la taille d'un Richard Wagner sont le patrimoine de l'humanité, — mais de celle qui en est digne. S'ils semblent planer au-dessus de toutes mêlées, ils en restent les témoins sévères en leur pérennité intangible, et même ils y prennent part rien que par leur impolluable beauté. En effet, c'est en l'honneur des morts de Padoue que nos amis Italiens eussent dû exécuter cette page magnifique du *Crépuscule*, cette oraison funèbre de l'innocente victime de la soif de l'or, de l'ambition égoïste, de la déloyauté et de la haine. Le soufflet eût cinglé les meurtriers droit au visage. Au lieu de cela, il apparaît vraiment d'une ironie amère assez sotte de repousser parmi les assassins ce chantre impénitent de la pitié et de l'amour, qui rêva d'une paix éternelle entre les peuples ; *parmi les Vandales d'Ypres, de Reims et de Louvain* (¹), ce créateur de beauté radieuse, dont l'Art fut l'unique idéal et l'unique raison de vivre. Ses imprudents proscripteurs auront pour pénitence de devoir montrer maintenant ce qu'ils ont pour le remplacer.

❖

(¹) Voir la note, page 213.

Février 1917.

XV

LES DRAMES WAGNÉRIENS

J'AI reçu d'une personne que je n'ai pas l'honneur de connaître deux lettres successives me demandant, m'enjoignant presque au nom de l'équité, puisque je l'avais fait à l'égard de M. Saint-Saëns et d'autres, de répondre à ce que M. Léon Daudet a écrit à propos de Wagner. La seconde de ces missives était accompagnée d'un volume ouvert à un chapitre marqué au crayon bleu et intitulé *le Wagnérisme et ses Ramifications*. Si extraordinaire que cela soit évidemment, et mon correspondant en concevrait déjà mon silence, il me faut avouer en toute confusion que, jusqu'à cet envoi, je n'avais jamais rien lu de M. Léon Daudet, sinon peut-être, par hasard, deux ou trois articles de journal dont l'un, qui me fut communiqué par un ami, tançait précisément avec une verveuse ironie notre Opéra pour le traitement qu'il avait osé infliger à un chef-d'œuvre appelé *Tristan et Isolde*. Je m'empressai donc de m'appliquer ledit chapitre et, je le dois confesser encore, au regard de la réputation polémistique dont jouit M. Léon Daudet, mon étonnement fut extrême en constatant la modération de son ton. Auprès de MM. Saint-Saëns et Masson, M. Daudet passerait aisément pour un wagnérien à faux nez ou, du moins, et cela semble bien être la vérité, pour un wagnérien repentant, qui s'évertue au repentir et à l'apostasie. En tout cas, il fournit des raisons. Que ces raisons ne vaillent pas cher, c'est mon avis, mais elles sont pourtant discutables et, même, le point spécial auquel s'attache surtout M. Daudet est particulièrement intéressant à étudier.

M. Léon Daudet, en effet, n'entend point « bannir Wagner de nos concerts, traiter comme nul et non avenu ce magistral trouveur de sonorités et de rythmes ». Il déclare nettement que « ce serait folie ». Ce qu'il attaque et qu'il condamne, ce n'est pas la musique de Wagner, mais « ses drames musicaux ». Cependant, lorsque M. Léon Daudet parle musique, on ne peut pas dire qu'il s'élève au-dessus d'un amateurisme phraséologique assez vague. C'est ainsi qu'il découvre que, dans *Tristan*, « le sublime est obtenu par le murmure marin (?) et un chant de pâtre » ; ce qui apparaît à la fois sybillin et d'une innocence excessive, On augure que M. Daudet fréquente les concerts et l'Opéra, mais n'est sans doute pas à même de parfaire et d'élucider son impression fugitive par le secours de la lecture solitaire et réitérée au piano. La beauté purement musicale lui échappe visiblement et, sa qualité de « littérateur » aidant, on n'est guère surpris du critère qui s'imposa à son désir ou, mieux, sa volonté de combattre ce qu'il qualifie « le wagnérisme ».

Les littérateurs ayant pour fonction d'écrire, il est tout naturel que ce soit eux qui aient écrit le plus sur ce sujet, et cela fit un beau charivari. Il y a de trente à quarante ans, l'incompétence était des deux côtés égale et également intrépide. Ce fut l'ère héroïque du « snobisme wagnérien », snobisme bienfaisant, en somme, en ce qu'il vulgarisa les chefs-d'œuvre d'un des plus grands génies de l'art musical, mais dont naquit toute une littérature qui ne laissait pas d'être assez ridicule. M. Léon Daudet en a gardé des souvenirs de jeunesse d'une vivacité tyrannique qui induirait à supposer que depuis il vécut reclus, aveugle et sourd. Il paraît ignorer profondément tout ce qui s'est passé de ces temps désormais fabuleux à l'heure actuelle, le tassement des frénésies échevelées et nébuleuses, l'assimilation féconde et ses résultats purement musicaux dans notre art régénéré et rénové par elle.

On se demande aussi de quels faits dûment contrôlés et contrôlables il étaie ses âpres sentences. Il répète après le susceptible et rancuneux Nietzsche : « L'adhésion à Wagner se paie cher. » Et il spécifie qu' « à son sens c'est parce que Wagner dénationalise les Français à la façon d'un Kant, d'un Hegel ou d'un Schopenhauer ». Les ravages éventuellement occasionnés par ces trois abstracteurs de quintessence dans la « nationalité » de MM. Théodule Ribot, Émile Boutroux et Maurice Barrès, par exemple, qui, jadis ou naguère, s'y exposèrent avec prédilection, ne sont point du ressort de ma rubrique. Mais, parmi les premiers « Français » qui ont « adhéré à Wagner », on peut citer Gustave Doré, Baudelaire et Champfleury. J'ai sous les yeux le premier tome de la fameuse *Revue Wagnérienne* que fondèrent MM. Edouard Dujardin et Teodor de Wyzewa ; il contient l'année 1885, époque à laquelle M. Daudet était « à Louis-le-Grand, en philosophie B, chez le professeur Burdeau », plus tard politicien de marque. Ce volume est illustré par Fantin-Latour et Odilon Redon ; on y trouve, au bas de poèmes ou d'articles dithyrambiques et parfois, à la vérité, singuliers, les signatures de René Ghil, Gramont, Hennequin, Huysmans, Mallarmé, Charles Morice, Paul Verlaine, Villiers de l'Isle-Adam, entre autres. M. Daudet estime-t-il que leur « adhésion à Wagner » a « dénationalisé » ces artistes, écrivains ou poètes ? Ce serait tout de même dommage pour notre « nationalité ».

M. Daudet englobe-t-il dans un verdict pareil les Français wagnériens qui sont au front depuis deux ans, qui se sont battus ou se battent à la Marne, en Champagne, à Verdun, sur la Somme ou ailleurs, et dont aucun n'a renié ses admirations antérieures? Que de héros seraient ainsi « dénationalisés » sans le savoir!

A vrai dire, M. Léon Daudet ne définit pas clairement la « dénationalisation » qu'il dénonce. Il ne la définit même pas du tout. Il se contente d'affirmer que Wagner « a insinué dans nos jeunes esprits, par l'oreille, — comme le beau-père d'Hamlet, — et par l'entendement, comme les susdits philosophes, aussi par la magnificence de ses spectacles, le poison germanique ». Dans sa *Germanophilie*, M. Saint-Saëns nous en avait déjà parlé, de ce « poison germanique »; seulement, au lieu de nous le verser dans l'oreille, on l'avait « glissé dans nos veines », et le coupable était Schumann, duquel M. Daudet proclame que « la proscription serait stupide ». L'ineffable metteur en scène et les décorateurs candides qui prodiguèrent à Wagner, en notre Opéra toulousain, les pavés de leurs intentions bonnissimes, sentiront quelque orgueil secret vibrer au fond de leurs remords à cette évocation, quoique péjorative, de la « magnificence » de leurs spectacles. O Wagnériens, mes frères, qui se fût douté de cela? Qui l'eût imaginé? Qui l'eût cru? Et avec quel art astucieux fut distillé pour nous ce toxique ! M. Pedro Gailhard dut bien rire dans sa barbe en voyant métamorphoser en « production habilement calculée et graduée pour exciter la curiosité et le désir », les conséquences de l'incommensurable flemme et de l'impéritie qui présidèrent, sous son proconsulat inénarrable, à la tardive et lente réalisation scénique du répertoire de Wagner. Tout cela n'est pas bien sérieux. Et on n'est pas mieux éclairé en rencontrant ici ou là ces apophtegmes à la laconienne : « Les drames de Wagner sont une avant-garde... Il a frayé la voie aux armées. »

Stendhal, dans *Racine et Shakespeare*, raconte qu'en 1825, à une représentation donnée par une troupe anglaise, à laquelle appartenait justement la pauvre Harriett de Berlioz, « quelques calicots allèrent jusqu'à crier : A bas Shakespeare ! C'est un aide de camp du duc de Wellington ! » Mais, s'il fut carabin, en des « salles de garde » où il se figure un peu naïvement que la « vogue de Wagner en France a pris naissance », M. Daudet n'est pas un « calicot », et, comme on sait qu'il entassa de copieux « documents sur l'avant-guerre», on s'attend bien à ce qu'il en déballe et dévoile ceux qui l'ont acculé à ces conclusions péremptoires. Et il nous en sert un, en effet, récolté chez Edouard Schuré, lequel imprima, paraît-il : « Le théâtre de Wagner est le premier qui ait été fondé uniquement pour une idée. » Il est assez curieux, entre parenthèses, que les détracteurs de

Wagner paraissent se complaire à prélever leurs arguments, non pas chez lui, mais chez ses commentateurs, amis ou adversairès. Et M. Daudet continue : « Parfaitement, et cette idée est celle de la grandeur et de la suprématie allemandes. » Puis, suit une assez longue citation schuléenne que M. Daudet interprète et dont ses raisons ne sont, au demeurant, que paraphrase ou résumé. Il les avait énoncés dès l'exorde : « Il s'agit d'une glorification méthodique, systématique des annales légendaires germaniques, d'une conquête des cerveaux, des imaginations, par les nerfs dans un sens allemand. »

Et c'est cela qui nous dénationaliserait sans ambages. En admettant pour un instant que telle ait été « l'idée » de Wagner, on peut penser d'abord que M. Daudet n'a qu'une piètre confiance dans notre « nationalité », l'estime bien fragile, pour trembler qu'elle puisse être aussi gravement menacée par le spectacle « d'une glorification d'annales » étrangères. Lorsqu'il écrivit *les Burgraves*, notre Victor Hugo n'avait évidemment pas prévu ça. Mais M. Daudet se trompe en imputant ces intentions préméditées à Wagner. Loin « d'attacher », à priori, « une importance considérable aux sources légendaires, à la valeur ethnoplastique de la mythologie et des sagas », il n'avait aucun parti pris contre le théâtre « historique » à la mode, ainsi que *Rienzi* le démontre. C'est le hasard d'une lecture qui lui révéla la légende du

Vaisseau-Fantôme. Plus tard, il n'en esquissa pas moins deux drames « nationaux », *Manfred* et *Frédéric Barberousse*. Lui-même expliqua tout au long les raisons qui le détournèrent de sujets de ce genre, — qui eussent pourtant encore bien mieux servi les desseins que M. Daudet lui prête, — et ces raisons furent d'ordre exclusivement *esthétique*. Il choisit la légende parce que celle-ci, affranchie de toutes contingences de conventions, de mœurs ou d'époque déterminées, lui apparut plus apte aux manifestations de l'élément « purement humain », favorable avant tout à l'expression musicale.

Cette légende, il la prit où il la trouva, un peu partout, et pour avancer qu'il s'y « agit d'une glorification méthodique, systématique, des annales légendaires germaniques », il faut quelque témérité. Nul n'ignore que Wagner nous en emprunta deux, et non des moindres, *Tristan* et *Parsifal*, qui proviennent du cycle breton de notre poésie moyenâgeuse. *Le Hollandais volant*, que nous avons traduit par *le Vaisseau-Fantôme*, est, comme son nom l'indique, une légende hollandaise, qui se cristallisa vers 1600 et alimenta les veillées de tous les loups de mer des XVIIe et XVIIIe siècles avant que d'être recueillie par la littérature. *Lohengrin* est un des aspects de la légende flamande du *Chevalier au Cygne*, où se greffent les origines de la maison de Godefroi de Bouillon, et dont l'une des plus an-

ciennes versions est un poème français du xII[e] siècle,
que le baron de Reiffenberg publia en 1846. L'action
s'y passe en Brabant, à Anvers sur l'Escaut. M. Daudet annexerait-il *in petto* la Hollande et la Flandre
à l'Allemagne ? *Tannhaeuser*, en revanche, semble
bien « allemand » de toutes pièces. Wagner y combina
fort adroitement la tradition légendaire du *Tournoi
poétique de la Wartbourg* avec un touchant *Volkslied*
du xIII[e] siècle, qui conte les amours du chanteur et
de « Dame Vénus », sa contrition et son pèlerinage
à Rome, son retour au voluptueux bercail après le
refus du pardon, ce pourquoi c'est ici « le pape Ur-
bain qui est damné à tout jamais », parce qu'il a
perdu une âme en doutant de la miséricorde divine.
M. Daudet croit-il vraiment que la tragédie émou-
vante et si profondément humaine que Wagner en
élabora soit propre à nous « dénationaliser » ?

Et le serions-nous davantage par les *Maîtres-
Chanteurs* ? Ce n'est pas une légende, mais une
comédie plutôt simplette, qui pourrait se passer
partout ailleurs qu'à Nuremberg, dont la couleur
locale est très cousine de celle de *l'Ami Fritz*, et qui
friserait la berquinade sans l'apologue esthétique
surajouté. Il est vrai que, dans cette collision entre
l'art ingénuement spontané et le pédantisme,
M. Léon Daudet aperçoit « une formule toxique
d'individualisme germanique, ce que Nietzsche appelle aussi une indifférence toujours plus grande à

l'égard de toute discipline sévère, noble et consciente au service de l'art ». C'est une opinion personnelle assurément originale, dont Beckmesser se fût senti flatté quoique, par la bouche de Hans Sachs et ses conseils à Walther, l'improvisateur juvénile, Wagner y contredise formellement. Et,quant au bref couplet en l'honneur des « Maîtres allemands » du XVIe, que M. Daudet fasse à notre « nationalité » la grâce de lui accorder assez d'intelligence et de santé pour le digérer sans péril.

Reste l'*Anneau du Nibelung*, auquel se rapporteraient plus légitimement — en apparence — les griefs de M. Daudet. Wagner y aurait voulu, selon lui, « renouer la tradition héroïque des Germains, qui se groupe autour du personnage de Siegfried, au mythe des dieux germaniques et scandinaves dont Odin (en allemand Wotan) est le chef ». Il est réel que, dans ce long poème, Wagner amalgama, en les transformant quelque peu, les versions allemandes et norroises du *Nibelungenlied*. C'est ce qu'ont effectué pareillement sans la moindre malice, quoique certes avec moins d'ampleur et de talent, les honnêtes librettistes du *Sigurd* de M. Reyer, opéra que M. Daudet n'aurait sans doute pas la velléité d'accuser de nous « dénationaliser ». L'aventure de Siegfried et de Brünnhilde n'offre à priori rien de spécifiquement « allemand ». On peut y reconnaître les vestiges de certains mythes que la succession du jour et de la nuit, du sombre hiver et de l'été brûlant ont inspirés à tous les peuples et d'où notre conte de *la Belle au Bois dormant* dérive. Siegfried, par sa figure, sa force ou ses exploits, s'apparente à Jason, à Persée, à Hercule, à Achille, aussi bien qu'à Tristan de Loonnois et, d'ailleurs, à tous les héros légendaires. Les théogonies primitives où siègent Odin et Wotan sont plus près de notre Teutatès et de notre Hésus celtiques que ce « culte étranger, venu des Syriens de Palestine » ([1]). S'il y avait un autre monde, ce serait à côté d'Odin que notre Remy de Gourmont eût salué son vieil aïeul, le roi normand Gormont ; c'est chez Wotan que l'actuel descendant des Capétiens de France pourrait espérer retrouver la prime souche de sa race auprès des primordiaux ancêtres des dynasties mérovingienne et carlovingienne. M. Daudet l'aurait-il oublié ? En tout cas, ce n'est pas Wotan qu'invoquent à l'heure qu'il est les deux Kaisers macabres, leurs ministres, leurs pasteurs et non plus leurs évêques qui s'assemblent avec nos cardinaux en des solennités où leur chef suprême préconise et réclame une paix à la Zimmerwald.

Enfin, alors que le hantait la genèse de son œuvre encore indécise, Wagner en voulut fixer pour lui-

---

([1]) Je crois devoir indiquer que les mots ici entre guillemets ne proviennent point de M. Léon Daudet, mais de Renan (*Prière sur l'Acropole*).

même « l'idée » et la signification historique et, dans un opuscule intitulé *les Wibelungen*, il le fit à la façon d'une sorte d'épopée mythique où intervient aussi la légende du Graal. Or, ici, les Wibelungen ou Nibelungen sont les Francs, dont la race royale atteint à l'apogée de sa puissance avec Charlemagne, lequel est bien un peu à nous. Et, en effet, Sifrit, Sigofred ou Sigfrid de Morland (de *moer*, marais, et *land*, terre) [1], le Siegfried de la légende et de la préhistoire est un roi des Francs et Gunther est le roi des Burgondes. C'est vers la fin du Ve siècle, époque où Lavisse et Rambaud nous assurent que « le territoire de la Gaule, presque entièrement soustrait à la domination romaine, était partagé entre trois peuples principaux : les Burgondes, les Wisigoths et les Francs », c'est à ce moment que se dégagea définitivement la légende complète des Nibelungen. On sait que Charlemagne, au témoignage d'Eginhart, avait prescrit de perpétuer par l'écriture « les antiques chants barbares qui célébraient les guerres et les hauts faits des anciens rois ». Il est infiniment probable que les chants de Siegfried et des Nibelungen faisaient partie de ce recueil qui fut détruit, on se doute par qui, l'Eglise s'étant montrée de bonne heure implacable ennemie de tout ce qui rappelait

---

[1] Comp. Moerkerque (église des marais), dans l'arrondissement de Dunkerque.

un passé païen, indépendant et belliqueux, et il est
remarquable que les vieilles légendes franques ou
celtiques ne nous soient parvenues que dûment
« christianisées ». M. Henri Lichtenberger a noté que
« le nom propre de Siegfried se rencontre en pays
franc à partir de 625, celui de Nibelunc vers 760, et
que dans le même temps il existe en France une
maison de Brünhilt (*Brunichildis domus*) ».

Mais il y a mieux encore : le *Nibelungenlied*, rédigé
au début du XIIIᵉ siècle par un poète autrichien, ne
serait qu'une traduction du français. C'est ce que,
en 1908, le philologue allemand, Gustav Brockstedt,
a montré dans une étude intitulée *das Altfranzœ-
sische Siegfridlied* (¹), qu'il a préfacée en des termes
dont je regrette de devoir abréger la citation :

On sait à quel haut degré la culture du Moyen Age
depuis le XIᵉ siècle a été une culture française... Ce fut
un Français qui, à l'aurore du XIIᵉ siècle, ouvrit de nouvelles voies à la scolastique ; ce sont des architectes
français qui édifièrent l'œuvre de pierre du Moyen Age :
la cathédrale gothique ; les premières chansons d'amour
sortirent des lèvres d'un troubadour de la France méridio-
nale ; un Français du Nord, Crestien de Troyes, fut le
créateur d'une poésie épique qui, faisant de fabuleuses

(¹) Cette étude fut suivie de deux autres ayant le
même objet, publiées en 1910 et en 1912 sous le titre :
*Von mittelhochdeutschen Volksepen franzœsischer Ur-
sprungs* (Robert Cordes, éd. Kiel).

légendes d'inspiration celtique le prétexte d'un brillant
tableau de mœurs chevaleresques contemporaines, eut
bientôt des admirateurs et des imitateurs dans toutes
les cours européennes ; et, à côté de cette poésie cour-
toise, naquit du sol de la France septentrionale une
« poésie épique populaire » qui, par la qualité artistique,
est peut-être inférieure à l'autre, mais dont la portée
apparaît incomparablement plus vaste...

M. Brockstedt aurait pu ajouter que ce fut au
Cloître de Notre-Dame de Paris que naquit, au
XIIIe siècle, la première forme musicale polypho-
nique digne de ce nom, le *Motet*. Et M. Brockstedt constate « qu'aucun pays ne s'inclina avec
autant d'empressement que l'Allemagne devant
le triomphe du génie français » ; qu'il est notoire et
indiscuté que « la lyrique et l'épique de cour allemandes sont de provenance française », mais que,
jusqu'à présent, l'Allemagne « se retranchait avec
orgueil dans son épopée populaire comme dans
la glorieuse citadelle du génie national, surgie droit
de la terre indigène ». Et il conclut :

Cette opinion n'est pas soutenable. Comme le *Minne-
gesang* et l'épique de cour, l'épopée populaire allemande
est aussi d'origine française. Les poèmes épiques allemands et le *Nibelungenlied* en tête sont des traductions
du français. L'épique « nationale » des Allemands a pour
auteur un Français.

D'après M. Brockstedt, cet auteur serait notre poète du *Floovent*, — selon Darmesteter, de *Flodovinc*, *Chlodovinc*, descendant de Clovis, lequel descendant est Dagobert, Et rien n'apparaît plus vraisemblable. C'est l'histoire de notre *Chanson de Roland*, qui traversa toutes les péripéties de celle du *Nibelungenlied* : traduction en allemand, puis migration aux pays scandinaves où Roland aujourd'hui est, non seulement plus connu que chez nous, mais *populaire*. Et, si l'original français d'un « Chant de Sifroi l'Encorné » a disparu, peut-être est-ce surtout parce qu'il lui manqua la protection de « Saint Gabriel, Saint Raphaël et Saint Michel du Péril », laquelle ne fut sans doute pas inutile à la *Chanson de Roland* qui nous resta.

De tout cela, il s'ensuivrait plausiblement, — quelles qu'aient été d'ailleurs les intentions de Wagner, — que Siegfried, ascendant lointain peut-être de Clovis, nous appartiendrait tout autant, en somme, que Roland, pair de Charlemagne. Et on ne voit guère là de quoi nous « dénationaliser » ; on y discernerait bien plutôt le contraire. L'aube de nos annales, en tant que « nation », remonte à l'*Historia Francorum*. M. Daudet renierait-il Grégoire de Tours ? Et, quand il attribue l'explosion de « la vogue de Wagner en France » à « une réaction spiritualiste contre le matérialisme et l'évolutionnisme (?) », M. Daudet est-il bien sûr qu'elle ne signifiait pas autre chose ? Cet enthousiasme ne jaillissait-il pas soudain du tréfonds de la sensibilité autochtone, remuée jusque dans ses arcanes où sommeillait l'obscure souvenance des atavismes, en découvrant inconsciemment, quoique sous un travestissement postiche, ici son « mythe national », ailleurs la légende humaine et savoureuse de son passé perdu dans la brume des siècles ? Car aucun peuple n'a possédé jadis à notre égal le don de l'épopée légendaire. Notre patrimoine en l'espèce est innombrable. Nous en avons ensemencé l'Europe et la moisson fut belle, tandis que nous dédaignions notre poésie « nationale » en l'honneur des Grecs et surtout, hélas ! des Latins.

Et ceci fera dresser l'oreille à M. Daudet, qui signale dans le « wagnérisme » un « conflit entre l'esprit germanique et l'esprit latin », lequel, à son avis, serait le nôtre. Mais M. Daudet exagère. Il ne faut pas confondre autour avec alentour et une « nation » avec ses éléments possibles. La « nation allemande » est loin d'être entièrement et authentiquement « germanique » ; au delà de l'Elbe, la race est de fonds slave, composée de Lettons et de Borusses. Proclamer notre France une « nation latine », c'est méconnaître son essence autant que la diversité féconde de ses facteurs constitutifs. Et ce serait aussi une étrange manière de justifier nos revendications les plus chères, — à moins toutefois d'exploiter l'élasticité du « latinisme » à l'instar d'un vénérable éditeur réputé pour l'inélasticité de son accent, et que j'entendis un beau jour, parlant à mon ami Van Bever et à ma personne, s'écrier avec conviction : « Noussaudres Lâdins !... » On abuse beaucoup, depuis peu, de notre « latinité » éventuelle. On en a toujours abusé. En traitant justement des vieux *Lais* de Marie de France, de nos contes de fées et de nos légendes celtiques, Remy de Gourmont, il n'y a guère, en marquait son agacement avec quelque impatience :

Ils sont bien absurdes ceux qui enlèvent le mot « celtique » de l'expression qui caractérise notre état ethnographique et qui nous réduisent à la dénomination de Latins. Il n'y a peut-être pas de pire contresens et qui nie davantage les qualités essentielles du mélange de peuples qui est devenu la race française et où il n'est pas douteux que domine l'esprit celtique. Il n'en est pas qui témoigne d'une pire ignorance de soi-même (¹).

Non, nous ne sommes pas des Latins : nous sommes bel et bien des Français. M. Daudet en rougirait-il ? Notre langue elle-même, entre toutes analytique, n'a de commun que le vocabulaire, — que nous avons heureusement enrichi, quoique pas encore assez, — avec cette langue massive ou équivoque d'épitaphes, de sénateurs et d'épigones que nous léguèrent les fils de Romulus. Quant à la « culture

------

(¹) *Promenades littéraires* (cinquième série).

latine », elle est à la disposition de chacun, et Gœthe la possédait aussi totalement que Voltaire. Nous ne sommes pas plus des Latins que nous ne sommes des Germains. Notre « nation », sur un fonds celtique, est le mélange le plus complexe de l'Europe, en même temps que le plus homogène ; et cette complexité fait la souplesse, l'universalité et sans doute aussi l'objectivité de notre génie propre. Notre personnalité « nationale » a des assises séculaires, et nulle n'a moins à craindre, pour son originalité, d'une action du dehors. Nous avons immuablement assimilé tout ce qui nous en vint, en le transfigurant ou déformant d'instinct à notre usage. Notre art s'est constamment renouvelé, quand que ce soit, par des influences étrangères, et celle de Wagner fut évidemment pour lui l'une des plus précieuses, non seulement au point de vue spécifiquement musical, mais aussi pour ce qu'elle y réveilla d'autochtone gisant en des sortes de limbes d'ingrate indifférence ou d'oubli.

Cela ne veut pas dire que le théâtre de Wagner soit indemne de tous les défauts que M. Daudet lui reproche. Quoiqu'il l'exprime inexactement en présentant Wagner comme « un dramaturge à effets extérieurs », M. Daudet a très nettement ressenti ce qu'il y a, non pas de « germanique », mais d' « allemand » dans ce théâtre, et en quoi il diffère de celui des grands tragiques « où les nœuds et dénouements de crises psychologiques sont commandés soit par la fatalité, soit par les tempéraments ». La beauté de la tragédie est amorale et objective : le théâtre allemand est *finaliste*. Aussi les Allemands se méprennent-ils profondément en se réclamant de Shakespeare et en prétendant l'annexer. Notre comédie parisienne et notre Racine lui-même sont, à cet égard, plus près de Shakespeare que toute la dramaturgie allemande.

A partir de *l'Anneau*, le théâtre de Wagner devient moral et subjectif, et c'est là sa tare esthétique. Ses drames sont des « pièces à thèse » ni plus ni moins que celles d'un Dumas fils. Métaphysique, éthique, et bientôt mystagogie y submergent une humanité de plus en plus factice et fantômale. Le pessimisme shopenhauérien de *Tristan* devait fatalement et très logiquement conduire le spiritualiste Wagner au christianisme, d'où la religiosité hystérique et les simagrées niaises de *Parsifal*. Y a-t-il là de quoi nous « dénationaliser » ? Il faudrait que cela nous séduisît, tandis que cela nous embête, et M. Daudet lui-même relève fort judicieusement « les formidables steppes d'ennui » dont s'en encombrent les drames wagnériens. Alors ? Il n'est plus depuis bien longtemps, chez nous, même un « littérateur » pour ne sentir le ridicule d'un « Regard sur la Prairie » daté d'ailleurs de 1892, et la traduction d'Alfred-Ernst-le-Petit-Nègre suffirait à soi seule pour préserver la masse des auditeurs de la moindre contamination. Le public écoute

tout bonnement la musique de *Tristan*, contemple
assez ahuri *Parsifal* comme il regarderait quelque
moyenâgeux Mystère fantasmagorique et un peu
rasant, et n'est aucunement gêné que *l'Anneau* ne
lui soit octroyé que par tranches, en ordre incohérent, dépouillé de tout sens général.

Le drame lyrique wagnérien n'est évidemment pas
un idéal intangible : *Boris* et *Pelléas* l'ont prouvé. Il
ne s'en atteste pas moins supérieur à tout ce qui l'a
précédé dans l'endroit ; il a chassé du temple les
benêts amuseurs et les industriels cyniques et il constitue l'armature de chefs-d'œuvre de l'art sonore
dont la beauté élève l'âme et la pensée. C'est autant
comme instrument de culture purement musicale
que pour leur beauté magnifique intrinsèque que la
représentation des œuvres wagnériennes est nécessaire. Le théâtre où on les entend est l'antichambre
de la salle de concert, et la connaissance de Wagner
est indispensable à la compréhension de notre école
française contemporaine. L'évolution de l'art ressemble à celle de la science, où tout se tient. Aucun
retranchement n'y est loisible. Au surplus, hormis la
tare esthétique et un schopenhauérisme retour de
l'Inde, M. Daudet eût bien dû spécifier ce qu'on
peut aujourd'hui qualifier d' « allemand » dans les
rêves du dramaturge moraliste. Est-ce « la rédemp-
tion du monde par l'amour », « la malédiction de
l'or », « le respect des contrats » qui lie Wotan

lui-même, ou « le renoncement » de *Parsifal* ?

Les débats sur Wagner s'enchevêtrent d'intérêts mesquins fort étrangers à l'art, de sottes ou basses jalousies, d'erreurs, d'anachronismes, de passions, de malentendus où la bonne foi incompétente ou mal avertie est souvent prise aux pièges que lui tend la mauvaise. Il règne une grande confusion, et ce ne sera pas pour nos petits-neveux une mince stupéfaction que, chez le peuple « le plus spirituel de la terre », certains aient découvert sans embarras le symbole des ambitions démentes et des crimes de l'Allemagne actuelle dans l'œuvre d'un artiste de génie mort il y a trente-trois ans qui, au soir de sa vie, à propos de « vivisection », traitait ses compatriotes de « brutes sauvages et misérables », songeait à s'exiler en Amérique, et avait publié, dès 1878, au risque de compromettre son entreprise encore précaire de Bayreuth, le jugement suivant sur le traité de Francfort (¹) :

Il aurait fallu reconnaître la nécessité et la possibilité d'une régénération véritable de la race humaine, asservie à un permanent état de guerre, par la consécration d'une paix définitive. Il s'agissait, non pas de conquérir des forteresses, mais de les détruire pour toujours, non pas d'exiger des garanties en prévision de guerre future,

______

(¹) *Gesam. Schrift.*, X, 255.

mais d'en donner pour une paix à jamais assurée, au lieu d'opposer les uns aux autres des droits ou revendications historiques tous basés sur la conquête et sur la force.

Singulière façon de « frayer la voie aux armées ».

Octobre 1916.

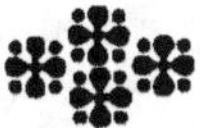

✺✺✺✺✺✺✺✺✺✺✺✺✺✺✺✺✺✺✺✺✺✺✺✺✺

APPENDICE

Mes articles sur la question Wagner m'ont valu une centaine de lettres. Je reproduis ici quelques-unes de celles qui me sont arrivées du front, plus deux, dont l'une me parvint de l'Amérique latine. La place m'étant mesurée pour ne pas grossir à l'excès ce volume, j'ai choisi de préférence parmi les correspondants qui m'étaient inconnus. Je crois devoir noter pourtant que je reçus les félicitations écrites de MM. Maurice Ravel, Albert Roussel et Florent Schmitt, et ajouter que tous les musiciens marquants de notre jeune école française que j'ai rencontrés jusqu'ici n'ont pas manqué de m'assurer verbalement de leur approbation chaleureuse.

Aux Armées, le 8 mai 1915.

Monsieur,

Je viens de lire votre éloquent et courageux article sur le *Cas Wagner*. Je ne vous connais que pour avoir suivi, depuis plusieurs années, vos intéressantes chro-

niques du *Mercure*. Mais, au nom de tous les Français
cultivés, actuellement sur le front, et qui n'ont pas le
loisir de prendre part aux discussions d'idées, je me per-
mets de vous dire : merci ! Merci de n'avoir pas laissé
passer sans les relever comme elles le méritent les insanités révoltantes débitées à propos de Wagner, et devant
lesquelles on eût haussé les épaules de pitié, si le pres-
tige de celui qui les a émises n'obligeait à les entendre.

Patriotes ardents et de « culture latine », n'en déplaise
à Junius, ceux d'entre nous qu'épargneront les obus
allemands ne croiront pas nuire à la vraie musique française, celle qui, jeune et vivante, se place entre *Ariane*
et *Pelléas*... et au delà, en réclamant l'exécution fréquente de quelqu'un des chefs-d'œuvre désormais classiques du surhumain Wagner.

En vous priant, Monsieur, de vous considérer comme
libre de faire de cette lettre l'usage qu'il vous plaira, je
vous demande de vouloir bien trouver ici l'expression
de mes sentiments très distingués.

Régis de V...
Lieutenant au ...^e Hussards.

Saint-Ouen, 10 mai 1915.

Monsieur,

Je viens de lire votre bel article dans le dernier numéro du *Mercure*.

A propos de ce que des imbéciles pensent et disent
de Wagner, je voudrais vous signaler l'opinion d'un
Monsieur, qui fut Sous-Secrétaire d'Etat aux Beaux-Arts,
c'est-à-dire chargé de régenter l'éducation artistique
chez nous. (Il me souvient qu'à sa nomination les journaux s'extasiaient sur ce que nous avions enfin un Se-

crétaire d'Etat vraiment « artiste »). L'opinion de ce Monsieur a paru fin décembre ou dans le courant de janvier, dans une série d'interviews de ministres ou anciens ministres, intitulée, il me semble : « Ce qu'ils pensent de la guerre. »

Ce Monsieur déclara, *à peu près* : « Le plus grand avantage que je trouve à la guerre actuelle, c'est de pouvoir enfin avouer — sans crainte de paraître ridicule — que Wagner m'a toujours prodigieusement ennuyé. »

Toutes mes félicitations pour votre article qui exprime, je crois, l'opinion de tous ceux qui aiment et comprennent un peu la musique.

Camille H...
Soldat blessé en convalescence.

12 mai 1915.

Monsieur,

La rédaction du « Poilu enchaîné », satirique et irrégulier, n'ayant rien à craindre de la censure parce que exerçant dans une zone dangereuse, est heureuse de rendre hommage à l'article vibrant de M. Jean Marnold, paru dans le *Mercure de France* du 1er mai, sur le *Cas Wagner.*

Cet article est venu à point nous apporter un réconfort dont nous avions grand besoin, car nous avions craint que des Allemands, se dissimulant sous les pseudonymes de Junius, Masson et *tutti quanti*, ne se livrassent à quelque manœuvre sournoise pour nous couvrir de ridicule chez les neutres.

La rédaction vous a enrôlé et vous collaborez sans le savoir au « Poilu enchaîné », ainsi d'ailleurs que M. Clémenceau, rédacteur honoraire sans le savoir aussi. J'espère que vous ne nous enverrez pas l'huissier.

Recevez, Monsieur, au nom de la rédaction, nos sentiments d'admiration respectueuse.

Le Secrétaire-rédacteur (cité à l'ordre de la Brigade
et du Régiment).

H. R...

...^e Rég^t d'Inf^{ie}.

Secteur 40.

Excusez style, papier, etc... 10 mois de guerre dont
8 de tranchées...

21 mai 1915.

Monsieur,

Un soldat ne doit rien dire ; au moins peut-il lire.

Ce qui s'écrit à Paris est, pour plusieurs d'entre nous,
la plus grave souffrance de cette guerre. Si j'en reviens,
Monsieur, ma signature d'universitaire aura l'honneur
de voisiner avec la vôtre dans le bon combat qu'il faudra
mener après la paix pour le retour au goût et à l'esprit
français et pour le droit à la musique.

Aujourd'hui permettez au combattant anonyme de
vous crier : « merci », au nom de ceux que les articles
dont vous avez fait justice le 1er mai avaient atteints
devant l'ennemi et blessés par derrière.

Un lieutenant de l'armée de Lorraine.

Extrait d'une lettre adressée à un tiers en mai 1915.

...Et je veux vous demander encore, avant de finir,
de transmettre un chaleureux bravo à M. Marnold pour
son virulent article sur le « Cas Wagner ».

Ecœuré (depuis longtemps !) par les vitupérations de
Saint-Saëns, renforcées depuis la guerre de celles de
Masson, j'avais applaudi, moi aussi, à la réponse de

M. Souday ainsi qu'à la riposte spirituelle, mais insuffisante, de Vincent d'Indy.

La guerre à Wagner, menée par de tels aboyeurs ne deviendrait-elle pas, (n'a-t-elle pas déjà été ?) au gré de circonstances propices, la guerre à toute la vivante et jeune et vraie école française d'aujourd'hui ?

Bravo encore une fois à M. Marnold d'avoir, comme il le fallait, qualifié cette campagne, d'avoir fait appel au goût français pour qu'elle ne fût pas plus longtemps tolérée. Je voudrais, comme pour un discours à la Chambre, pouvoir faire voter l'affichage.

R. de G...

Lieutenant de Vaisseau,

1re Armée Navale.

Du Front, ce 31 mai 1915.

Monsieur,

Bien que je n'aie pas le plaisir de vous connaître, **vous** voudrez bien accepter toutes mes félicitations pour l'article que vous avez fait paraître dans le dernier numéro du *Mercure de France* (« le Cas Wagner »).

Sa lecture fut pour moi un véritable régal ; j'en **ai** apprécié au plus **haut** point la cinglante ironie ; je l'**ai** lu à quelques-uns de mes camarades qui sont des musiciens et qui aiment la vraie musique, ils en ont été enchantés.

Comme je vous lis depuis quelques années et que je commence à vous connaître, j'espérais toujours vous voir faire cette mise au point nécessaire. Jugez de mon ravissement en voyant que vous aviez comblé mon vœu.

Vous avez parfaitement raison. Quand je reviens des tranchées et que je trouve un piano, je me rejoue avec quel plaisir toute la musique de Wagner que je me rappelle — et je crois faire mon devoir aussi bien que certains et beaucoup mieux que beaucoup d'autres. Ecrivez encore beaucoup d'autres articles comme celui-là — cela nous distrait, nous fait oublier les marmites et tous les projectiles de la Bocherie turbulente.

Nous voyons aussi que le bon sens français n'est pas mort tout à fait et que vous êtes encore là pour répondre à la littérature soporifique et indigeste de ces Messieurs les officiels. — Encore bravo pour le ridicule dont vous avez couvert tous ces encombrants personnages.

Croyez, Monsieur, à ma très sympathique admiration.

JEAN S...

Cycliste au ...e Régiment d'Infanterie.

Secteur postal 153.

3 juin 1915.

Monsieur,

Votre chronique du 1er mai me parvient et je ne puis m'empêcher de vous en féliciter.

Les articles de *l'Echo de Paris* auxquels vous faites allusion avaient sans doute attristé bien d'autres que moi qu'ont réjoui votre plume vengeresse, et qui, sur le front, rougissent d'être associés malgré eux aux iconoclastes qu'ils combattent.

Je n'ai pas à m'associer à votre irrévérence voulue pour le grand corps élu de la gloire officielle (élu d'ailleurs au suffrage fort restreint), mais votre conclusion s'impose. Si les signataires des articles désignés vivaient un peu avec leur temps, ils sauraient que Weber, Schumann et encore plus Wagner, ne peuvent, en France, être proscrits du rang des classiques de l'art musical.

Veuillez agréer, Monsieur, l'assurance de toute ma sympathie.

L. J...

Capitaine d'Artillerie.

Secteur 57

Le 9 janvier 1916.

Toutes les sympathies et les félicitations d'un groupe de lecteurs dont je suis heureux d'être l'interprète pour votre magnifique article du *Mercure* du 1ᵉʳ janvier 1916.

Vive Wagner *quand même* et bravo pour votre exécution magistrale et impitoyable des grotesques théories de « l'Art somptuaire » !

Paul L...

...ᵉ Territorial, ...ᵉ Compagnie.

Secteur 119.

Le 15 janvier 1916.

Monsieur,

Au bord de ma tranchée, votre article du 1ᵉʳ janvier dans le *Mercure* me tombe sous les yeux et je ne puis m'empêcher de vous dire avec quel plaisir j'y applaudis ; j'en voudrais l'affichage ! — l'affichage dans les Académies, Ecoles, Bureaux de Rédaction et autres lieux pour rappeler les habitants de ces divers locaux à un peu de pudeur. Qu'il s'agisse de musique ou d'autre chose, on n'empêchera pas un chef-d'œuvre d'être un chef-d'œuvre. Excusez-moi de vous déranger par une adhésion bien inutile, mais vraiment journaux, revues, etc. deviennent illisibles : on répète sans cesse au pays qu'il se calomnie, c'est absolument faux : il se croit inimitable ; je parle, bien entendu, des gens de l'arrière.

Excusez encore cette expression que vous pourriez croire vaniteuse et agréez, Monsieur, mes sentiments distingués.

JACQUES G...

Capitaine C^t la ...^e Cie, ...^e Rég^t d'Inf^{ie}
Secteur postal 41.

29 janvier 1916.

Monsieur,

Voulez-vous permettre à un confrère, plus ou moins homme de lettres, actuellement sur le front, de vous dire avec quel plaisir il a lu des extraits d'un de vos articles parus au *Mercure* ? Certainement, nous sommes plusieurs combattants, décorés de la croix de guerre, qui, aussitôt que ce sera possible, réclamerons la reprise des représentations wagnériennes ; le signataire de cette lettre entre autres. Lors de ma dernière permission, j'aurais été heureux d'entendre *Siegfried*, dont je me suis plu, parfois, à fredonner les motifs sous les obus, désireux de m'élever au courage de celui « qui ne connaissait pas la peur »...

Agréez mes félicitations.

FÉLICIEN C...

Sergent au ...^e Territorial.
Secteur 138.

Monsieur,

Aux armées, les musiciens éprouvent une double peine. La privation d'abord. C'est déjà beaucoup, et pourtant ce ne serait rien — on se prive de tant de choses qui semblaient nécessaires « dans le civil » ! — et l'on se console en songeant que la joie sera plus grande de re-

trouver plus tard tout ce qu'on aimait, si on *en* revient.
Mais la seconde peine est bien plus grave : c'est la menace bruyante de tous les pseudo-patriotes prétendant
contrôler et censurer les programmes. Votre courageuse
attitude réconforte et soulage. Vos articles vigoureux et
si justes font espérer : les ganaches et les polichinelles se
tairont. Mais, s'ils recommencent plus tard à régenter la
musique, vous avez raison de compter sur le renfort retour du front — et solide ! Nous sommes nombreux qui
pensons comme vous et qui ne sommes pas dupes des
criailleries intéressées et du mercantilisme furieux. (La
guerre n'est-elle pas une occasion incomparable pour
supprimer la concurrence — patriotiquement — et pour
écouler sa camelote enveloppée de papier tricolore !)
Nous sommes nombreux aussi qui croyons vous devoir de
la reconnaissance.

J'ai eu le plaisir de vous rencontrer autrefois au *Mercure*. Permettez-moi de m'en autoriser pour vous offrir,
sans plus tarder, l'expression de ma gratitude — et
veuillez, je vous prie, Monsieur, croire à mes sentiments
les plus distingués.

René D...

Médecin aide-major de 1re *classe.*

Secteur 3.

(Personnelle).   10 mars 1916.

Monsieur,

Vous diffamez, dans le *Mercure de France*, deux de
nos plus hautes notabilités littéraires, MM. Barrès et
Masson. Disqualifié comme vous êtes, avec les Dumur
et autres naturalisés, vos injures ne portent pas. Mais
vous serez poursuivi en correctionnelle : ce sera d'un
salutaire exemple.

En attendant, lisez le Boche Nietzsche : vous verrez.
comme il traite son congénère Wagner.

Mais vous devez ignorer profondément Nietzsche:
A bientôt, en correctionnelle.

Un bon Français,

AGATHON [1].

Le 29 mars 1916.

Monsieur,

Je lis toujours avec intérêt vos chroniques musicales
du *Mercure de France* et je vous suis reconnaissant du
plaisir que vous m'avez procuré.

Vous apprendrez, je pense, avec satisfaction que, dans
une matinée donnée l'autre jour dans notre secteur tout
près du front, on a chanté un passage de la *Valkyrie*
devant le général et des poilus de différents grades et de
différentes armes. Ce morceau ne fut pas le moins applaudi du répertoire, je vous l'assure. Ce qui prouve que
sur le front on n'a pas la mentalité d'un Camille Saint-
Saëns ou d'un Frédéric Masson.

Recevez, Monsieur, l'assurance de ma très grande et
très respectueuse considération.

CLÉMENT C...

Enseigne de Vaisseau, Fusiliers marins.

Secteur 131.

---

[2] Cette lettre anonyme, écrite sur un méchant papier, d'une
écriture visiblement déguisée, ne provient pas du front. Elle est
timbrée de la rue Sainte-Anne. C'est l'unique protestation que j'aie
reçue — sauf naturellement celles de M. Saint-Saëns. La signature
choisie en est intéressante. Ce correspondant masqué ignore évidemment que mon ami Louis Dumur n'a jamais abdiqué sa nationalité
de bon Suisse roman, natif de Genève, que je suis, non seulement
Français, mais Parisien à la quatrième génération, enfin que j'ai
traduit l'*Origine de la Tragédie* de Nietzsche.

Au front, 20 mai 1916.

Cher Monsieur,

La rencontre d'un ami commun et la lecture constante de vos articles du *Mercure* m'encouragent à vous envoyer deux mots de Poilu authentique pour approuver entièrement les termes de vos critiques.

Nous désirons entendre du Wagner pendant et après la guerre, — quoique l'opinion de M. Saint-Saëns, de M. Masson, de M. Barrès ou même d'autres personnes ne soit pas celle-là. — Libre à eux de se satisfaire avec les « noubas » de turcos ou les « cliques » de la ligne où ne manquent ni les gros cuivres ni les cymbales, mais ces harmonies... primaires, à peine suffisantes pour scander un simple effort matériel, nous les endurons — avec bien d'autres choses plus dangereuses, afin qu'après nous puissions nous régaler du plat qui nous convient. M. Poueigh, qui est de Toulouse (*moi aussi*), conclut par une aveuglante certitude à la condamnation. — Qu'en sait-il ? S'il nous plaît à nous de n'être satisfaits qu'à demi par les œuvres marquées au sceau de la toulousoniaiserie, et si le chef-d'œuvre indiscutable nous plaît mieux, faudra-t-il s'en passer toujours ? Du reste, le procès est jugé... Les grands concerts jouent l'œuvre de Beethoven. Un siècle sera-t-il une raison suffisante en plus ou en moins pour maintenir un ostracisme mesquin et envieux, éloignant du théâtre et du concert les hommes nés un peu plus à droite qu'à gauche ?... « Ne t'en fais pas ! » comme on dit ici. « Nous les aurons ! » (C'est des œuvres de Wagner dont je parle).

Continuez, cher Monsieur ; à la tranchée on vous applaudit et on crie : « Encore... Jusqu'au bout !... »

MAURICE A...

...^e *Régiment territorial.*

Secteur 159.

Aux Armées, çe 23 mai 1916.

Bravo ! Cher Monsieur Marnold, pour votre dernier article du *Mercure*. (Veuillez excuser la familiarité d'un lecteur déjà ancien, issue tout naturellement de la communauté d'idées et de façons de sentir.) Il est nécessaire que les amis de la musique, donc admirateurs de Wagner, se rapprochent, s'unissent maintenant, pour défendre une des beautés de l'humanité.

Que ceux qui mènent avec vous le bon combat soient assurés que leurs paroles ne sont vaines ni sans écho, et qu'ils soient remerciés et soutenus par les suffrages de ceux dont la voix ne peut porter aussi loin.

Veuillez croire, cher monsieur Marnold, au vif intérêt d'un de vos lecteurs, et agréez l'expression de mes sentiments les plus distingués.

D. G...

Aux Armées, 4 juin 1916.

Monsieur,

Le *Mercure de France* arrive ponctuellement « chez ses abonnés », même quand certains de ceux-ci habitent temporairement les pays les plus perdus. Je reçois aujourd'hui le numéro du 1er juin et j'y lis, tout d'abord, votre intéressante chronique dont je tiens à vous dire que j'en applaudis tous les termes.

Bien qu'un Monsieur (dans le même numéro) prétende que vous êtes « passé à l'ennemi avec armes et bagages », j'estime, au contraire, que vous rendez un grand service à l'intelligence française en luttant avec une belle violence contre la bêtise, académique ou autre, qui prend, depuis 22 mois, des proportions vraiment inquiétantes.

N'avoir plus à redouter la « concurrence » des titans

Wagner ou Strauss, quel rêve pour tous ces musicaillons !
Croyez à toute ma sympathie artistique.

Louis T...
Caporal-infirmier.
Secteur 159.

5 juillet 1916.

Permettez, Monsieur, à un homme qui « entend le canon », de vous remercier de votre article du 16 mai 1916 dans le *Mercure.*

Je ne saurais vous dire le bien que nous font de tels articles à nous qui, exposant notre vie pour la Patrie, avons été appelés des traîtres parce que nous aimions Wagner !

Mais, je puis le dire, je n'ai jamais rencontré un seul homme du front qui ait changé d'opinion sur Wagner et qui, l'ayant aimé avant la guerre, ne continue à l'aimer encore. Vos paroles font vibrer les cœurs, et nous ne souffrirons pas que l'auteur de *Tristan* soit banni de chez nous. Et des milliers pensent comme moi.

Recevez mes remerciements très sincères.

J. G...
Lieutenant d'Artillerie.

Montevideo, abril 19-1916.

M. Jean Marnold.

Distinguido Señor,

He leido en el último número acá llegado del *Mercure de France* su articulo sobre la guerra que cierto elemento

musical y literario francés hace al genio de Ricardo
Wagner y á otros grandes de la música alemana.

Desde esta lejana América latina que tanto ama y
admira à la madre Francia, yo le envio mis aplausos
sinceros y entusiastos, porque es Vd de aquellos que
con su buen criterio haceis ver en estos faises que hay
en Fiancia hombres de logica clara, que saben razonar
que para el arte no hay patria.

Yo soy eminentemente latino y todos mis coterraneos
los Uruguayos siguen el proceso de esta cruenta lucha
con la firme conviccion del triunfo de vuestras armas ;
pero esos apasionamentos tan poco nobles, como los
de M. C. Saint-Saëns y M. Barrès y otros pobres de espiritu, dañan la reputación ya formada entre nosotros
de la lealtad francesa, de su logica, de su dignidad para
juzgar los altos temas de arte y de humanidad.

Ese falso è indigno patriotismo, con el cual sin dudà
esos señores quieren aparecer como benefactores de la
Francia, llega á estas tierras á nuestras ciudades que
siempre creyeron en la dignidad francesa ; y poco à poco
van minando el ambiente ; más aun cuando de Alema-
nia llegan noticiás que, en sus teatros y salas de concier-
tos, se interpretan todos los autores franceses ya sean
clásicos ó modernos.

Por eso, su afán de verdad y de buen criterio es obra
buena y obra que os agradecera la Francia y todos los
que como nosotros la queremos y la respectamos como
nuestra madre en cultura y nuestro ejemplo en no-
bleza.

Es este el motivo por el cual me he atrevido á escri-
birle. Admirador sincero del genio de Wagner y de la
influencia renovadora de su arte poderoso è intensa-
mente bello, me dolia verdaderamente esa guerra sin

fundamento de que es objecto por esos débiles de espi_
ritu y falsos patriotas.

Acceptad, Señor, mis felicitaciones,

Vuestro siempre,

Camilo Ricardo Williams,
Rue Paraguay, nº 1177.
Montevideo.

Traduction

Montevideo, 19 avril 1916.

Monsieur,

J'ai lu dans le dernier numéro arrivé ici du Mercure de
France, *votre article sur la guerre que certains milieux
musicaux et littéraires français font au génie de Richard
Wagner et à d'autres grands musiciens allemands.*

*De cette lointaine Amérique latine, qui aime et admire
tant la France, sa mère, je vous envoie mes applaudisse-
ments sincères et enthousiastes, parce que vous êtes de ceux
qui, par leur bon sens, montrent en ces pays qu'il y a en
France des hommes de claire logique, qui savent comprendre que pour l'art il n'y a pas de patrie.*

*Je suis éminemment latin et tous mes compatriotes
uruguayens suivent le cours de cette lutte sanglante avec la
ferme conviction du triomphe de vos armes, mais ces exci-
tations passionnées et si peu nobles, de MM. Saint-Saëns
et Barrès et autres pauvres d'esprit, entament la réputation
si bien établie chez nous de la loyauté française, de sa logique, de sa dignité dans ses jugements sur les hautes
questions de l'art et de l'humanité.*

*Ce faux et indigne patriotisme, avec lequel sans doute
ces Messieurs veulent se faire passer pour de bons servi-*

teurs de la France, parvient jusque dans ces pays et dans nos villes, où on eut toujours foi en la dignité française, et peu à peu ce sentiment ambiant en est miné, d'autant plus que nous apprenons que, dans les théâtres et concerts allemands, on joue des ouvrages de tous les auteurs français classiques ou modernes.

A cause de cela, votre soif de vérité et de bon sens est œuvre bonne et œuvre dont vous seront reconnaissants la France et tous ceux qui, comme nous, l'aiment et la respectent comme notre mère en culture et notre exemple en noblesse.

C'est le motif pour lequel je me hasarde à vous écrire. Admirateur sincère du génie de Wagner et de l'influence rénovatrice de son art puissant et d'une intense beauté, je souffre véritablement des attaques sans fondement dont il est l'objet de la part d'esprits débiles et de faux patriotes.

Acceptez, Monsieur, mes félicitations.

Vôtre toujours,

CAMILO RICARDO WILLIAMS.

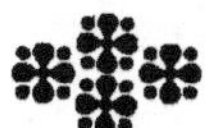

INDEX DES NOMS CITÉS

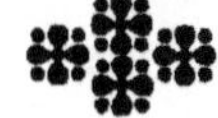

TABLE DES MATIÈRES

*Imprimé sur caractères spéciaux
des « Éditions Bossard »*

SAINT-AMAND (CHER). IMPRIMERIE BUSSIÈRE